Os últimos dias de Immanuel Kant

Thomas De Quincey

Os últimos dias de Immanuel Kant

TRADUÇÃO
Tomaz Tadeu

autêntica

Copyright da tradução © 2011 Tomaz Tadeu

PROJETO GRÁFICO DA CAPA
Diogo Droschi

EDITORAÇÃO ELETRÔNICA
Conrado Esteves
Waldênia Alvarenga

REVISÃO
Cecília Martins
Graça Lima

EDITORA RESPONSÁVEL
Rejane Dias

Revisado conforme o Novo Acordo Ortográfico.

Todos os direitos reservados pela Autêntica Editora. Nenhuma parte desta publicação poderá ser reproduzida, seja por meios mecânicos, eletrônicos, seja via cópia xerográfica, sem a autorização prévia da Editora.

Autêntica Editora Ltda.

Rua Aimorés, 981, 8º andar . Funcionários
30140-071 . Belo Horizonte . MG
Tel.: (55 31) 3222 68 19
TELEVENDAS: 0800 283 13 22
www.autenticaeditora.com.br

Dados Internacionais de Catalogação na Publicação (CIP)
(Câmara Brasileira do Livro, SP, Brasil)

De Quincey, Thomas, 1785-1859.
  Os últimos dias de Immanuel Kant / Thomas De Quincey ; tradução Tomaz Tadeu. -- Belo Horizonte : Autêntica Editora, 2011. -- (Coleção Mimo; 8)

  Título original: Last Days of Immanuel Kant.
  Bibliografia
  ISBN 978-85-7526-517-8

  1. Filósofos alemães - Biografia 2. Kant, Immanuel, 1724-1804 I. Título. II. Série.

11-00121   CDD-193

Índices para catálogo sistemático:
1. Filósofos alemães : Biografia 193

Apresentação

"Os últimos dias de Immanuel Kant", de Thomas De Quincey (1785-1859), conhecido, sobretudo, pelos ensaios "Confissões de um comedor de ópio inglês" e "Do assassinato considerado como uma das Belas Artes", foi publicado pela primeira vez em fevereiro de 1827, no *Blackwood's Magazine*, sob a rubrica "Galeria dos Clássicos da Prosa Alemã, pelo Comedor de Ópio Inglês", e reproduzido, com mudanças consideráveis, em 1854, no terceiro volume da primeira edição de suas obras completas.

Na verdade, como adverte desde o início o próprio De Quincey, seu memorial é uma tradução livre e "enriquecida" do livro *Immanuel Kant in seinen letzten Lebensjahren* (1804), de autoria de Ehrgott Andreas Christoph Wasianski (1755-1831), discípulo e um dos amanuenses de Kant, advertência que é reforçada, em nota de rodapé, pelo organizador de suas obras completas, David Masson: "O sentido substancial do que se segue, embora em grande parte traduzido do livro de Wasianski, constitui uma condensação, no estilo próprio de De Quincey e com acréscimos de sua própria autoria, de informações extraídas de várias fontes alemãs".

O relato dos últimos dias de Kant, na versão de De Quincey, tornou-se conhecido entre nós sobretudo através de Jorge Luis Borges, que tinha grande estima por De Quincey e, em particular, pelo memorial sobre Kant, que incluiu em sua "Biblioteca Pessoal": "Thomas de Quincey [...] é essencial para mim. Li e reli as 'Confissões de um comedor de ópio inglês', um dos textos mais tristes do mundo. [...] Em 'Os últimos dias de Immanuel Kant', vemos um homem de grande inteligência, um homem de gênio, desmanchando-se aos poucos diante dos olhos do leitor [...]. Penso que seja um dos melhores textos de De Quincey" (YATES, 1976, p. 150). Borges não via nenhum problema no método da tradução "enriquecida" empregado por De Quincey. Muito pelo contrário. Nessa mesma entrevista, referindo-se a uma outra tradução do alemão feita por De Quincey, Borges comenta: "Percebo que De Quincey enriquece o tema o tempo todo, porque ele afirmava que o de que menos gostava nos [autores] alemães era que eles raramente utilizavam exemplos. Quer dizer, eles simplesmente dão a você um enunciado abstrato e o exemplo fica por sua conta. Mas ele trabalhava com exemplos, e uma prosa árida como a de Lessing se transformava na maravilhosa prosa de De Quincey" (YATES, 1976, p. 150).

As "criativas" traduções de De Quincey não se limitavam à ampliação dos detalhes. Ele as moldava ao seu próprio estilo, feito de sentenças longas e profusamente intercaladas. Um estilo "labiríntico", na apreciação de Borges.

É notável também o método de colagem utilizado por De Quincey na composição de "Os últimos dias", método que parece ter influenciado os procedimentos estilísticos do próprio Borges, como destaca Monegal (*apud* COSTA, 2005, p. 42): "Nesse texto, Jorge provavelmente descobriu outro importante aspecto da escrita de De Quincey. Ao narrar os últimos dias de Kant, o escritor inglês criou um único texto, partindo de narrações de diversas testemunhas [...], mas, em vez de indicar a fonte em cada caso, preferiu apresentar essa *collage* de textos como uma única narração atribuída a Wasianski, para obter unidade literária".

Mas a admiração de Wasianski por Kant, principal fonte do texto de De Quincey, estava longe de ser partilhada por esse último. Num outro texto, De Quincey torna clara sua pouca simpatia pela filosofia transcendental kantiana: "Em Kant, fizeram-me acreditar, residiam as chaves de uma nova e criativa filosofia. [...] Que pena!, tudo não passou de um sonho. [...] Descobri que a filosofia de Kant é uma filosofia de destruição. [...] [Trata-se de] um esquema de especulação que não oferece nada de sedutor para a imaginação humana, nem sequer nada de positivo e afirmativo para o entendimento humano [...]." (DE QUINCEY, 1890, p. 86).

Embora essas restrições à obra de Kant não estejam evidentes no texto ora traduzido, pode-se perceber aqui e ali alguma ponta de ironia, em particular sobre os curiosos métodos sanitários do filósofo alemão, tal como nesta nota sobre os seus males digestivos: "Para essa queixa particular de Kant, tal como descrita por outros biógrafos, um quarto de um grão de ópio, a cada oito horas, teria sido o melhor remédio, talvez um remédio perfeito".

Como se vê, Kant e De Quincey não pareciam dar boa mistura. O que não impede que apreciemos, como fez Borges, essa mistura especial: De Quincey com Wasianski.

Tomaz Tadeu

Referências

DE QUINCEY, Thomas. German Studies and Kant in Particular. In: MASSON, David (Org.). *The Collected Writings of Thomas de Quincey*, v. 2. Edinburgo: Adam and Charles Black, 1890. p. 81-109.

MONEGAL, Emir Rodríguez. *Borges – Uma biografia literária. México: Fondo de Cultura Económica, 1987*. Tradução de Homero Alsina Thevenet. *Apud* COSTA, Walter Carlos. Borges e o uso da história. *Fragmentos*, n. 28/29, p. 41-47, jan./dez. 2005.

YATES, Donald. A Colloquy with Jorge Luis Borges. In: BURGUIN, Richard (Org.). *Jorge Luis Borges. Conversations*. Jackson: University Press of Mississippi, 1998. p. 149-163.

Os últimos dias
de Immanuel Kant

Dou como certo que qualquer pessoa instruída demonstrará algum interesse pela história *pessoal* de Immanuel Kant, por menos que suas preferências ou oportunidades tenham-lhe permitido familiarizar-se com a história das opiniões filosóficas desse pensador. Um grande homem, ainda que devotado a uma atividade pouco popular, deve ser objeto de constante curiosidade por parte das pessoas esclarecidas. Imaginar um leitor totalmente indiferente a Kant é imaginar um leitor muito pouco intelectualizado; e, portanto, na realidade, embora possa ocorrer que ele *não* o veja com interesse, faz parte da farsa da cortesia fingir que *sim*. Baseado nesse princípio, não peço desculpas a nenhum leitor, filósofo ou não, godo ou vândalo, huno ou sarraceno, por detê-lo na leitura de um breve esboço – traçado a partir dos registros autênticos de seus amigos e discípulos – da vida e dos hábitos domésticos de Kant. Embora não por falta de esclarecimento de parte do público, a verdade é que as *obras* de Kant não são vistas, neste país, com o mesmo interesse que se formou em torno de seu *nome*; e isso pode ser atribuído a três causas: primeiro, à língua na qual essas obras estão escritas;[1] segundo, à suposta obscuridade da filosofia que elas apresentam, seja porque essa obscuridade lhe é inerente, seja por causa do modo particular pelo qual Kant a expõe; terceiro, à impopularidade de *qualquer* filosofia especulativa, seja ela qual for e independentemente de como é tratada, em um país em que a estrutura e a tendência da sociedade imprimem a todas as atividades da nação uma direção quase exclusivamente prática.[2] Mas, qualquer que tenha sido a sorte imediata de seus escritos, nenhum homem imbuído da curiosidade própria das pessoas esclarecidas deixará de ver o autor em si sem uma parcela do mais profundo interesse. Se utilizarmos uma das medidas de prestígio, a saber, o número de livros escritos diretamente a favor dele ou contra ele, para não falar daqueles que ele afetou indiretamente, podemos afirmar que não existe absolutamente nenhum filósofo, se excetuarmos Aristóteles, Descartes e Locke, que possa pretender aproximar-se de Kant, seja na extensão, seja na profundidade da influência exercida sobre a mente dos homens. Sendo esses os predicados que impõem que lhe demos a devida atenção, repito que não constitui mais do que um ato de respeito pelo leitor pressupor que ele tenha suficiente interesse em Kant para justificar este breve esboço rememorativo de sua vida e de seus hábitos.

Immanuel Kant,[3] o segundo de seis filhos, nasceu em Königsberg, na Prússia (cidade que, na época, contava cerca de cinquenta mil habitantes), no dia 22 de abril de 1724. Seus pais eram pessoas de origem humilde e de poucos recursos, mesmo se comparados com seu próprio grupo social, mas capazes (com alguma ajuda de um parente próximo e com o acréscimo de uma pequena quantia dada por um senhor que os tinha em apreço, por sua piedade e por suas virtudes domésticas) de proporcionar a seu filho Immanuel uma educação elevada. Ele foi colocado, quando pequeno, em uma escola para crianças pobres; e transferido, no ano de 1732, para a Academia Real (ou Fredericiana). Ali estudou os clássicos gregos e latinos, e criou uma estreita relação com um de seus colegas, David Ruhnken (bastante famoso, posteriormente, entre os estudiosos, sob o nome latino de Ruhnkenius), relação que durou até a morte desse último. Em 1737, Kant perdeu a mãe, uma mulher de caráter elevado e de capacidades intelectuais acima de sua classe, e que contribuiu para o futuro prestígio do ilustre filho, pela direção que imprimiu a seus pensamentos juvenis e pela elevada moral na qual o educou. Kant nunca deixou, até o fim da vida, de se referir a ela com a maior ternura ou com o sincero reconhecimento de sua dívida para com os seus cuidados maternos.

Ele ingressou na Universidade de Königsberg, em 1740, no dia de São Miguel Arcanjo.[4] Em 1746, com vinte e dois anos, escreveu sua primeira obra, sobre uma questão em parte matemática, em parte filosófica, a saber, a valoração das forças vivas. A questão em tela tinha sido, inicialmente, proposta por Leibniz, em oposição aos cartesianos; uma nova *lei* de valoração, e não simplesmente uma nova valoração, era nisso que Leibniz insistia; e, supostamente, nesse trabalho de Kant, a disputa tinha sido, finalmente – e de uma vez por todas – resolvida, depois de ter ocupado a maior parte dos grandes matemáticos europeus por mais de meio século. Sua dissertação era dedicada ao Rei da Prússia, mas nunca chegou até ele, pois, na verdade, embora, como acredito, tenha sido impressa, nunca foi publicada.[5] Desde então, e até 1770, Kant sustentou-se como preceptor particular em diferentes famílias, ou então dando conferências privadas em Königsberg, especialmente para militares, sobre a arte da fortificação. Em 1770, foi nomeado para a Cadeira de Matemática, a qual trocou, pouco depois, pela de Lógica e Metafísica. Ele deu, nessa ocasião, uma aula inaugural com o título *"De Mundi Sensibilis atque Intelligibilis Forma et Principiis"* ["Sobre a forma e os princípios do mundo sensível e inteligível"], notável por conter os primeiros germens[6] da Filosofia Transcendental. Em 1781, publicou sua grande obra, a *Kritik der Reinen Vernunft* [*Crítica da razão pura*]. Morreu no dia 12 de fevereiro de 1804.

Esses são os grandes marcos da vida de Kant. Mas a sua vida foi notável não tanto por seus incidentes quanto pela pureza e pela dignidade filosófica de sua rotina diária; e o melhor relato a esse respeito vem da leitura do relato biográfico de Wasianski – contraposto e confirmado pelos relatos colaterais de Jachmann, Rink, Borowski[7] e outros. Vemo-lo aqui lutando com a desgraça das faculdades em declínio, e com a dor, a depressão e as perturbações de duas diferentes moléstias – uma afetando o estômago, a outra, a cabeça; por sobre as quais se erguem vitoriosamente até o fim, como que em asas, a bondade e a nobreza de sua constituição. O principal defeito desse e de todos os relatos biográficos sobre Kant consiste em que eles dizem muito pouco sobre conversas e opiniões. E talvez o leitor esteja inclinado a lamentar que algumas dessas informações sejam demasiadamente minuciosas e circunstanciais, a ponto de serem, às vezes, pouco respeitosas e, outras, pouco compassivas. Com respeito à primeira objeção, pode-se responder que esse tipo de indiscrição biográfica, bem como inquisições indignas de um cavalheiro sobre a vida particular de um homem, embora não sejam aquilo que um homem de honra se permitiria escrever, é algo que pode ser lido sem culpa e, quando o objeto é um grande homem, às vezes até com algum proveito. Quanto à outra objeção, eu dificilmente saberia como desculpar o senhor Wasianski por ter se ajoelhado ao pé do leito de seu moribundo amigo para registrar, com a precisão taquigráfica de um repórter, o último sopro do coração de Kant e os embates da natureza operando no limite, a não ser pressupondo que a concepção idealizada que tinha de Kant (idealização que é própria de todas as idades) parecia, em *sua* mente, transcender e eliminar as costumeiras restrições impostas à sensibilidade humana e que, sob o efeito dessa sensação, ele tenha concedido ao seu senso de dever público *aquilo* que, é de se esperar, ele teria, de bom grado, recusado ao impulso de suas afeições privadas. Comecemos, pois, tendo em mente que, na maior parte do tempo, é Wasianski quem fala.[8]

*

Meu conhecimento do Professor Kant começou bem antes do período ao qual essas lembranças se referem. Frequentei, durante o ano de 1773 ou 1774, não sei dizer exatamente qual, as suas aulas. Depois, atuei como seu amanuense; e nessa condição fui naturalmente levado a uma conexão mais estreita com ele do que qualquer outro de seus estudantes; de maneira que, sem qualquer solicitação de minha parte, ele me concedeu o privilégio indiscriminado de livre acesso à sua sala de aula. Em 1780, recebi minha ordenação clerical e cortei todo o vínculo com a universidade. Continuei, entretanto, a morar em Königsberg; mas totalmente esquecido por Kant, ou, ao menos, totalmente despercebido. Dez anos mais tarde (isto é, em 1790), encontrei-o, por acaso, numa animada ocasião festiva; tratava-se, mais especificamente, da festa de casamento de um professor de Königsberg. À mesa, Kant dividiu suas falas e atenções quase sem qualquer discriminação; mas, após os festejos, quando os convidados tinham se dividido em grupos separados, ele se aproximou e gentilmente sentou-se ao meu lado. Naquela época eu era um estudioso das flores – como amador, quero dizer, por causa da paixão que tinha por elas; ao saber disso, ele discorreu sobre minha atividade favorita, demonstrando um vasto conhecimento sobre o assunto. Fiquei surpreso ao saber, ao longo de nossa conversa, que ele estava perfeitamente familiarizado com todas as circunstâncias de minha situação. Ele próprio tomou a iniciativa de recordar nosso vínculo anterior, expressando sua satisfação em saber que eu estava feliz; e mostrou-se extremamente gentil, chegando ao ponto de desejar que, se meus compromissos me permitissem, eu fosse, uma vez ou outra, almoçar com ele. Logo depois, levantou-se e saiu; e, como nossos caminhos iam na mesma direção, propôs que eu o acompanhasse até sua casa. Foi o que fiz; e então recebi um convite para a próxima semana, acrescido de um convite abrangente para todas as semanas seguintes, com a permissão para que eu mesmo escolhesse o dia da semana. Inicialmente, achei difícil explicar a distinção com a qual Kant tinha me tratado; e conjecturei que algum bondoso amigo poderia ter feito, em sua presença, comentários a meu respeito um tanto mais elogiosos do que os cabidos a minhas humildes aspirações; mas uma convivência mais próxima convenceu-me de que ele tinha o hábito de fazer constantes perguntas sobre a situação de seus antigos discípulos, e que se alegrava de todo o coração ao saber de sua prosperidade. Parece, assim, que eu me equivocara ao pensar que ele tinha me esquecido.

Esse restabelecimento de minha proximidade com Kant praticamente coincidiu, no tempo, com uma completa mudança em seus próprios arranjos domésticos. Até aquele momento tinha sido seu costume almoçar em uma *table d'hôte* [restaurante]. Mas começou então a cuidar, ele próprio, de sua manutenção doméstica, e todo dia convidava alguns amigos para almoçar com ele, mas delimitando o grupo (ele próprio incluído) a três pessoas, no extremo inferior, e a nove no superior, e nalguma ocasião festiva, entre cinco e oito. Ele era, na verdade, um observador rigoroso da regra de Lorde Chesterfield[9] – a de que o grupo de convidados para o almoço, ele próprio incluído, não deveria ficar abaixo do número das Graças, nem acima do das Musas. Na economia de seus arranjos domésticos, em geral e, em especial, na de seus almoços, havia algo peculiar e divertidamente contrário ao costume social convencional; não, entretanto, que houvesse qualquer ofensa ao decoro, tal como às vezes ocorre em casas em que não há senhoras para impor um nível mais apropriado às formas de conduta. A sequência das atividades que, em nenhuma circunstância, variava ou se tornava flexível era a seguinte. Mal o almoço estava pronto, Lampe, o velho criado do professor, entrava no escritório com ar seguro e calculado e o anunciava. Essa convocação era obedecida em ritmo de passo ligeiro – com Kant falando continuamente, no trajeto para a sala de jantar, sobre a situação do tempo,[10] um tema sobre o qual, geralmente, continuava a discorrer durante a parte inicial do almoço. Temas mais graves, tais como os eventos políticos do dia, nunca eram introduzidos antes do almoço, e de maneira alguma em seu escritório. Assim que tomava seu assento e desdobrava seu guardanapo, Kant introduzia o assunto do momento, com uma fórmula particular – "*Agora, pois, senhores!*". As palavras não significavam nada, mas o tom e o ar com que as pronunciava denunciavam, de uma maneira sobre a qual ninguém podia se enganar, o alívio das labutas da manhã e a sua resoluta entrega ao prazer social. A mesa era arranjada de maneira acolhedora; uma oferta suficiente de pratos para satisfazer a variedade de gostos era ali apresentada; e os decantadores de vinho estavam colocados, não num aparador distante nem sob o odioso controle de um criado (primo-irmão dos Barmecidas),[11] mas à maneira anacreôntica,[12] sobre a mesa, e ao alcance de cada convidado.[13] Todas as pessoas se serviam sozinhas; e qualquer demora por excesso de cerimônia desagradava tanto a Kant que ele raramente deixava de expressar seu desgosto com qualquer coisa desse tipo, ainda que sem raiva. Kant tinha uma desculpa especial para esse horror à demora: a de ter trabalhado duramente desde a madrugada e não ter comido nada até a hora do almoço. O fato é que, no último período de sua vida, embora talvez não tanto por fome real e mais por causa de alguma sensação incômoda, devida ao hábito, ou de uma irritação periódica do estômago, ele dificilmente podia esperar sem impaciência pela chegada da última pessoa convidada.

Não havia nenhum amigo de Kant que não considerasse o dia em que devia almoçar com ele como um dia de prazer e alegria. Sem fazer pose de mestre, Kant realmente o era no mais alto grau. A recepção era toda ela temperada com o extravasamento de sua mente iluminada, espraiando-se, com naturalidade e sem afetação, à medida que os acasos da conversa o sugeriam, para cada um dos tópicos; e o tempo transcorria rapidamente, da uma às quatro ou cinco horas, ou mesmo até mais tarde, proveitosa e agradavelmente. Kant não tolerava qualquer hiato, que era como ele chamava as pausas momentâneas que ocorriam ao longo da conversa, quando a animação diminuía. Sempre inventava alguma coisa ou outra para reacender o interesse; e nisso era bastante ajudado pelo tato com que explorava os gostos peculiares de cada convidado ou os detalhes específicos de sua profissão; e relativamente a esses, fossem eles quais fossem, nunca estava despreparado para falar com conhecimento de causa e com o interesse de um autêntico observador. As questões locais de Königsberg tinham que se mostrar realmente interessantes antes que pudessem roubar a atenção em *sua* mesa. E o que pode parecer ainda mais singular é que ele, raramente, ou nunca, dirigia a conversa para qualquer tema que dissesse respeito à filosofia que ele próprio fundara. De fato, ele estava livre do defeito que aflige tantos dos *savants* e *literati*: o da intolerância para com aqueles cuja atividade poderia, eventualmente, ter impedido que desenvolvessem qualquer conexão particular com a ocupação dele próprio. Seu estilo de conversação era extremamente popular e muito pouco escolástico; a tal ponto que qualquer estranho familiarizado com as suas obras, mas não com a sua pessoa, teria achado difícil acreditar que nessa agradável e amável companhia estava vendo o autor da Filosofia Transcendental.

Os assuntos de conversa à mesa de Kant eram extraídos principalmente da filosofia natural, da química, da meteorologia, da história natural e, sobretudo, da política. As notícias do dia, tais como relatadas nos jornais, eram discutidas com base em uma análise especialmente cuidadosa.[14] No que dizia respeito a qualquer notícia a que faltasse a informação de data e local, por mais plausível que pudesse ser, ele era uniforme e inexoravelmente cético, considerando-a indigna de repetição. Tão aguda era sua perspicácia a respeito dos eventos políticos e da política secreta sob a qual eles se moviam, que ele falava mais com a autoridade de um diplomata que tivesse acesso às informações da inteligência ministerial do que como um simples espectador das grandes cenas que estavam, naqueles dias, desdobrando-se por toda a Europa. No período da Revolução Francesa, ele ofereceu muitas conjecturas e expressou opiniões que, na época, foram tidas como previsões paradoxais, especialmente com respeito às operações militares, mas que foram tão exatamente cumpridas quanto sua própria memorável conjectura a respeito do hiato, no sistema planetário, entre Marte e Júpiter,[15] cuja integral confirmação ele viveu para presenciar quando da descoberta de Ceres por Piazzi e de Palas pelo Dr. Olbers. Essas duas descobertas, aliás, impressionaram-no muito; e forneceram um assunto sobre o qual ele sempre discorria com prazer; embora, em consonância com sua costumeira modéstia, nunca tenha dito uma palavra sobre a sua própria perspicácia em ter, com base em fundamentos *a priori*, mostrado a probabilidade de tais descobertas muitos anos antes.

Não era apenas na qualidade de uma boa companhia que Kant brilhava, mas também como um anfitrião extremamente cortês e tolerante, que não tinha maior prazer que o de ver seus convidados felizes e joviais, saindo de seus banquetes platônicos com o ânimo revigorado, em virtude de seus variados prazeres – intelectuais e abertamente sensuais. Era, talvez, sobretudo em virtude da intenção de manter o espírito de alegria, que ele se revelava um artista na composição de seus almoços festivos. Havia duas regras que ele visivelmente observava, e devo dizer que invariavelmente. A primeira era que o grupo devia ser diversificado; isso com o objetivo de assegurar uma variedade suficiente na conversação: e, consequentemente, suas festas apresentavam tanta variedade quanto o mundo de Königsberg o permitia, pois os convidados pertenciam a todos os tipos de ocupação – funcionários públicos, professores, médicos, clérigos e comerciantes esclarecidos. Sua segunda regra era a de ter uma quota adequada de homens *jovens*, frequentemente de homens *muito* jovens, selecionados dentre os estudantes da universidade, a fim de imprimir à conversação um movimento de vivacidade e animação juvenil; um motivo adicional para isso, como tenho razão para crer, era que, dessa maneira, ele afastava sua mente da tristeza que às vezes a anuviava, por causa das mortes prematuras de alguns jovens amigos que ele amara.

E isso me leva a mencionar uma característica singular da maneira pela qual Kant expressava sua solidariedade a amigos que estavam doentes. Enquanto durava o perigo, ele demonstrava uma incansável ansiedade, pedia constantes informações, aguardava a mudança com impaciência e, às vezes, não conseguia realizar suas atividades costumeiras por causa da agitação de seu espírito. Mas assim que a morte do paciente era anunciada, ele recobrava sua compostura e assumia uma atitude de inflexível serenidade – quase de indiferença. A razão era que ele via a vida em geral e, portanto, aquela particular afecção da vida a que chamamos de doença, como um estado de oscilação e de perpétua mudança, não havendo entre esse estado e os flutuantes sentimentos de esperança e medo uma proporção natural que os justificasse perante a razão; enquanto a morte, como um estado permanente que não admitia nem *mais* nem *menos*, que eliminava toda ansiedade e extinguia para sempre as agitações do suspense, ele a considerava como pouco conforme a qualquer outro tipo de sentimento que não aquele que tivesse a mesma permanência e imutabilidade da morte. Mas todo esse heroísmo filosófico sucumbiu em uma ocasião; pois muitas pessoas se recordarão do intenso sofrimento que ele manifestou por ocasião da morte do senhor Ehrenboth, um jovem de refinadíssima inteligência e de enorme êxito, pelo qual ele tinha a maior afeição. E, numa vida tão longa quanto foi a dele, não obstante sua providente regra de selecionar, tanto quanto possível, suas companhias sociais entre os jovens, tornou-se inevitável ter que prantear muitas e insuportáveis perdas, em um grau e um número maiores do que as que lhe poderiam estar destinadas.

Para voltar, entretanto, à rotina de seu dia: imediatamente após o término de seu almoço festivo, Kant dava uma caminhada para se exercitar; mas, nessa ocasião, nunca buscava qualquer companhia; em parte, talvez, porque considerava apropriado – após tanta descontração, causada pela boa conversa e pela boa companhia – prosseguir suas meditações[16] e, em parte, como por acaso sei, pela muito peculiar razão de que desejava respirar exclusivamente pelas narinas, o que não poderia fazer se fosse obrigado a continuamente abrir sua boca para conversar. Sua razão para tal desejo era que o ar atmosférico, por ser obrigado, dessa maneira, a percorrer um circuito mais longo, chegando, portanto, aos pulmões num estado menos bruto e a uma temperatura um pouco mais alta, seria menos capaz de irritá-los. Em razão da firme perseverança nessa prática, que ele constantemente recomendava aos seus amigos, vangloriava-se de uma prolongada imunidade a tosses, rouquidões, catarros e a todo tipo de perturbação pulmonar; e o fato era que realmente essas perturbadoras afecções raramente o atacavam. Na verdade, eu próprio verifiquei, ao adotar apenas uma vez ou outra sua regra, que meu peito não ficava tão sujeito quanto antes a tais ataques.

Ao retornar de sua caminhada, ele se sentava à escrivaninha da biblioteca e lia até o anoitecer. Durante esse período de luz incerta, tão propícia ao pensamento, ele se colocava num sereno estado de meditação sobre o que estivera lendo, isso na hipótese de o livro valer a pena; do contrário, ele preparava a aula do dia seguinte, ou se voltava para algum livro que estivesse escrevendo. Durante esse estado de repouso, ele assumia, inverno ou verão, seu posto junto à estufa, olhando, pela janela, a antiga torre de Löbenitch; não que se pudesse dizer que ele realmente a enxergava, mas a torre pairava sobre seus olhos tal como uma música distante que mal alcança os ouvidos – obscuramente ou apenas parcialmente revelada à consciência. Nenhuma palavra parece ser forte o bastante para expressar a sensação de gratificação que ele extraía dessa torre antiga, quando contemplada sob aquelas circunstâncias de penumbra e de sereno devaneio. Os acontecimentos subsequentes mostraram, na verdade, o quão importante ela tinha se tornado para seu bem-estar; pois, com o tempo, alguns álamos, num jardim vizinho, alcançaram uma altura tal que acabaram por encobrir a torre, fato que deixou Kant muito incomodado e inquieto e, ao final, absolutamente incapaz de praticar suas meditações vespertinas. Afortunadamente, o proprietário do jardim era uma pessoa muito respeitosa e prestativa que tinha, além disso, uma grande consideração por Kant; e, consequentemente, após lhe ter sido feita uma exposição do caso, deu ordens para que os álamos fossem podados. Foi o que se fez; a antiga torre de Löbenitch ficou novamente visível; Kant recuperou sua equanimidade e se encontrou, uma vez mais, em condições de praticar suas meditações crepusculares em paz.

Depois que as velas eram trazidas, ele continuava seus estudos até perto das dez horas. Quinze minutos antes de encerrar a noite, ele afastava sua mente, tanto quanto possível, de qualquer tipo de pensamento que exigisse esforço ou atenção, segundo o princípio de que, por estimulá-lo e agitá-lo demasiadamente, tais pensamentos poderiam causar-lhe insônia; e a menor interferência no seu horário costumeiro de adormecer era-lhe extremamente desagradável. Felizmente, tratava-se de algo que lhe ocorria muito raramente. Ele se despia sem o auxílio do criado; mas numa ordem tal, e com um respeito romano tal pelo decoro e pelo τὸ πρέπον,[17] que estava sempre pronto, ao menor aviso, para se apresentar em público, sem nenhum constrangimento para si ou para os outros. Feito isso, deitava-se num colchão e se enrolava numa colcha, que no verão era sempre de algodão e, no outono, de lã; com a chegada do inverno, usava ambas; e contra um frio muito severo, ele se protegia com um edredom, em que a parte que cobria seus ombros não era recheada com plumas, mas acolchoada, ou melhor, preenchida com pesadas camadas de lã. Uma longa prática tinha-lhe ensinado uma maneira bastante habilidosa de se *aninhar* e de se enrolar nas cobertas. Em primeiro lugar, sentava-se na beirada da cama; então, com um rápido movimento, enfiava-se de lado no seu abrigo; em seguida, puxava uma ponta das cobertas para baixo do ombro esquerdo e, passando-a por baixo das costas, dava-lhe a volta, de maneira a que ficasse sob seu ombro direito; em quarto lugar, por um peculiar *tour d'adresse* [truque de mão], ele fazia a mesma coisa com a outra ponta; e, finalmente, encontrava uma maneira de fazer com que a coberta o envolvesse inteiramente. Assim, enfaixado como uma múmia, ou (como eu costumava dizer-lhe) todo enrolado como o bicho da seda em seu casulo, ele esperava a chegada do sono, que, em geral, vinha imediatamente. Pois a saúde de Kant era de um tipo especial; não simplesmente uma saúde negativa, ou de ausência de dor e de irritação, e também de *malaise* (qualquer das quais, embora não seja propriamente "dor", é frequentemente mais difícil de suportar), mas um estado positivo de sensação agradável e uma posse consciente de todas as suas atividades vitais. Assim, quando arranjado para a noite da forma que descrevi, ele frequentemente exclamava para si mesmo (como costumava nos dizer durante o jantar): "É possível conceber um ser humano com saúde mais perfeita do que eu?". De fato, tal era a pureza de sua vida, e tal a feliz condição de seu estado, que jamais surgiu qualquer paixão incômoda que o excitasse nem preocupação que o incomodasse, nem dor que o despertasse. Mesmo no mais rigoroso dos invernos, seu dormitório não tinha estufa; apenas nos seus últimos anos ele cedeu às súplicas de seus amigos e permitiu-se ter uma pequena estufa. Nenhuma gratificação ou autoindulgência encontrava qualquer abrigo em Kant. De fato, cinco minutos, na mais fria das épocas, bastavam para eliminar a frieza inicial da cama, pela difusão generalizada de seu próprio calor. Se fosse preciso deixar seu quarto (que era sempre mantido no escuro, dia ou noite, verão ou inverno) durante a noite, ele se orientava por um cordão, que era devidamente amarrado à barra da cama todas as noites e estendido até o aposento vizinho.

Kant jamais transpirava,[18] quer de dia quer de noite. Contudo era impressionante o grau de calor que costumava suportar em seu escritório e, na verdade, sentia-se desconfortável se a temperatura baixasse um só grau. Vinte e quatro graus era a temperatura invariável desse quarto em que passava a maior parte do tempo; e, se ela caísse abaixo desse ponto, independentemente da estação, ele fazia com que fosse artificialmente elevada ao nível habitual. No calor do verão, ele se vestia sumariamente e sempre com meias de seda; contudo, como mesmo essa roupa não podia impedir com que transpirasse quando envolvido nalgum exercício ativo, ele adotara um singular remédio como último recurso. Retirando-se para algum lugar na sombra, permanecia calado e imóvel – com o ar e a atitude de uma pessoa que escutasse ou em suspensão – até que sua *aridez* habitual fosse restaurada. Mesmo na mais abafada das noites de verão, se o menor traço de transpiração viesse a manchar sua roupa de dormir, ele se referia a isso com ênfase, como um acidente que o tivesse chocado inapelavelmente.

No momento em que estamos ilustrando as noções de Kant a respeito da economia animal, seria também oportuno acrescentar um outro detalhe, ou seja, que, por receio de obstruir a circulação do sangue, ele nunca usava ligas de meia; por isso, como lhe era difícil manter suas meias esticadas sem elas, ele tinha inventado para seu próprio uso um substituto mais complicado, que passo a descrever. Num pequeno bolso, um pouco menor que um bolso de relógio, mas ocupando praticamente a mesma posição que aquele, era colocada, sobre cada coxa, uma caixinha, parecida com um estojo de relógio, mas menor; nessa caixinha, era introduzida uma mola de relógio numa roda, em volta da qual era enrolado um elástico cuja força era regulada por um dispositivo separado. Às extremidades desse elástico ficavam presos dois ganchos, que eram carregados, através de uma pequena abertura, nos bolsos e, assim, passando por baixo das partes interna e externa da coxa, enganchavam-se em dois laços que eram costurados dos lados interno e externo de cada meia. Como era de se esperar, uma aparato tão complexo estava sujeito, tal como o sistema ptolomaico dos céus, a eventuais desarranjos; entretanto, por sorte, pude dar um conserto fácil para essas inconveniências, que, não fora isso, acabariam por perturbar o conforto e até mesmo a serenidade do grande homem.

Precisamente quando faltavam cinco minutos para as cinco horas, inverno ou verão, Lampe, o criado de Kant, que tinha servido no exército, dava entrada no aposento do amo com o ar de uma sentinela em serviço e gritava, num tom militar: "Senhor Professor, é chegada a hora". Kant invariavelmente obedecia a essa convocação, sem qualquer titubeio, tal como um soldado obedece a uma palavra de ordem – nunca, sob quaisquer circunstâncias, permitindo-se qualquer delonga, nem mesmo por ocasião do raro acidente de ter passado uma noite em claro. Quando o relógio dava cinco horas, Kant estava sentado à mesa do desjejum, na qual tomava o que ele chamava de *uma* xícara de chá; e, sem dúvida, assim a considerava; mas o fato é que, em parte por sua tendência ao devaneio e em parte pelo propósito de manter o chá quente, ele enchia a xícara com tanta frequência que, em geral, poder-se-ia dizer que ele bebera duas, três ou um número indeterminado de xícaras. Imediatamente depois, ele tirava baforadas de um cachimbo (era a única vez que ele se permitia fazê-lo durante o dia todo), mas tão rapidamente que um resto de tabaco parcialmente inflamado ficava por fumar. Durante essa operação, ele refletia sobre os compromissos do dia, tal como fizera na tarde anterior, durante o crepúsculo. Por volta das sete horas, ele saía, em geral, para dar sua aula, retornando depois para seu escritório. Quando era precisamente meio-dia e quinze, ele se levantava da cadeira e dizia alto para o cozinheiro: "Bateu meio-dia e quinze!", proclamação cujo significado real pode ser assim explicado: no almoço, e imediatamente após ter tomado a sopa, era sua prática constante tomar o que ele chamava "um trago", que consistia num vinho húngaro ou renano, num cordial ou (na falta desses) num composto inglês conhecido como *Bishop*.[19] Assim que Kant fazia sua proclamação, uma garrafa ou uma jarra de uma dessas bebidas era trazida pelo cozinheiro. De posse da jarra, Kant dirigia-se apressadamente para a sala de jantar, vertia o seu *quantum*, deixava o copo de lado, à espera (coberto, entretanto, com papel, para impedir que a bebida se tornasse insípida), e voltava para seu escritório, onde ficava aguardando a chegada de seus convidados, os quais, no último período de sua vida, ele nunca recebia sem estar formalmente vestido.

Estamos, assim, de volta ao almoço; e o leitor tem agora uma imagem precisa do dia de Kant, de acordo com a sucessão habitual de suas mudanças. A monotonia dessa sucessão não era, para *ele*, penosa, e provavelmente contribuiu, juntamente com a uniformidade de sua dieta, e outros hábitos da mesma regularidade, para prolongar-lhe a vida. A propósito disso, aliás, ele via sua boa saúde e a idade a que chegara como o resultado, em grande medida, de seus exercícios. Frequentemente, ele utilizava, para falar de si próprio, a figura de um ginasta que havia continuado por quase quatro vintenas a manter seu equilíbrio sobre a tensa corda da vida, sem cair, uma única vez, para a esquerda ou para a direita. E, certamente, a despeito de todas as doenças a que tinha estado sujeito em virtude das tendências de sua constituição, ele conservava sua posição na vida de maneira triunfante.

Essa cuidadosa preocupação com a saúde explica o grande interesse que lhe despertavam todas as novas descobertas em medicina ou as novas maneiras de teorizar sobre as antigas. Como um trabalho de grande pretensão em ambas as categorias, ele tinha na mais alta conta a teoria do médico escocês [John] Brown [1735-1788], ou – como é geralmente designada, com base no nome latino de seu autor – a teoria bruniana. Mal Weikard tinha-a adotado[20] e popularizado na Alemanha e Kant já estava familiarizado com os seus detalhes. Ele pensava que ela representava um grande avanço não apenas para a medicina, mas também para os interesses mais gerais do homem, e gostava de ver nessa teoria algo análogo ao curso que a natureza humana tinha tomado em indagações ainda mais importantes – a saber, sobretudo, uma ascensão contínua em direção ao crescentemente complexo e elaborado e, depois, o caminho de volta, sobre os próprios passos, em direção ao simples e elementar. Os dois livros de ensaios do Dr. Beddoes, sobre a consunção pulmonar e sobre a febre, bem como o método de Reich para o tratamento de febres, também lhe causaram uma profunda impressão: que, entretanto, diminuiu à medida que essas novidades (especialmente a última) foram perdendo credibilidade.[21] Quanto à descoberta, pelo Dr. Jenner, da vacina contra a varíola, ele estava menos inclinado a seu favor; antevia consequências perigosas na absorção de um miasma brutal pelo sangue humano ou ao menos pela linfa; e, de qualquer maneira, pensava que para garantir a eficácia da vacina contra a infecção pelo vírus da varíola era preciso um período muito mais longo de testes.[22] Apesar da falta de fundamento de todas essas visões, era extremamente divertido ouvir a quantidade de argumentos e de analogias que ele trazia à baila para sustentá-las. Um dos assuntos que o ocuparam na última parte da vida foi a teoria e os fenômenos do galvanismo, que ele, entretanto, nunca dominou de maneira satisfatória. O livro de Augustin sobre esse assunto foi talvez o último que leu, e seu exemplar ainda conserva, nas margens, suas observações, feitas a lápis, com dúvidas, questões e sugestões.

As enfermidades próprias da idade começavam agora a tomar conta de Kant e revelavam-se sob mais de uma forma. Paralelamente à sua prodigiosa memória para tudo o que contivesse algum elemento intelectual, ele padecia, desde a juventude, de uma incomum falta de memória relativamente às questões comezinhas da vida cotidiana. Registram-se alguns exemplos notáveis disso desde quando era criança; e, agora, ao começar a sua segunda infância, essa fragilidade aumentara sensivelmente. Um dos primeiros sinais foi que ele começou a repetir as mesmas histórias mais de uma vez no mesmo dia. Na verdade, a degeneração de sua memória era demasiadamente palpável para que ele próprio não notasse; e, para se prevenir contra ela e não ficar preocupado em entediar seus convidados, ele começou a escrever um resumo ou uma lista de temas, com vistas à conversação de cada dia, em cartões ou envelopes, ou em qualquer pedaço de papel. Mas esses lembretes se acumulavam tanto e eram perdidos tão facilmente, ou então não estavam à mão no momento apropriado, que eu o convenci a substituí-los por um livro em branco, que ainda se conserva, e que fornece provas comoventes da consciência que ele tinha da própria fraqueza. Como frequentemente acontece nesses casos, ele tinha, entretanto, uma perfeita memória para os eventos remotos de sua vida, e podia repetir com notável prontidão passagens bastante extensas de poemas alemães ou latinos, especialmente da *Eneida*, ao mesmo tempo que as exatas palavras que tinham sido pronunciadas um pouco antes escapavam de sua lembrança. O passado aparecia com a clareza e a realidade de uma existência imediata, enquanto o presente se desvanecia na obscuridade da distância infinita.

Outro sinal de sua degeneração mental era a fragilidade com que ele começava agora a teorizar. Ele explicava tudo pela eletricidade. Uma mortalidade singular grassava nessa época entre os gatos de Viena, Basileia, Copenhague e outros lugares bastante distantes entre si. Como o gato é um animal tão evidentemente elétrico, ele naturalmente atribuía essa epizootia à eletricidade. Ele se persuadira, nesse mesmo período, de que havia a predominância de uma peculiar formação de nuvens, o que ele tomou como prova colateral de sua hipótese elétrica. Até mesmo suas dores de cabeça, que, muito provavelmente, eram um simples e remoto efeito da idade avançada, e um efeito direto da incapacidade[23] de pensar tão fácil e aplicadamente quanto antes, eram explicadas com base no mesmo princípio. E essa era uma ideia a respeito da qual seus amigos não estavam ansiosos em dissuadi-lo; porque, à medida que se observa que algo da mesma natureza das condições meteorológicas (e, portanto, provavelmente, a mesma distribuição geral da energia elétrica) tem a duração de um determinado ciclo de anos, o começo de um novo ciclo continha para ele alguma possibilidade de alívio. Uma ilusão que garantia a consolação da esperança era a segunda melhor coisa depois de um procedimento real de alívio; e um homem que, nessas circunstâncias, é curado de sua ilusão, "*cui demptus per vim mentis gratissimus error*",[24] poderia, com razão, ter exclamado, "*Pol, me occidistis, amici*".[25]

Possivelmente o leitor suporá que, nesse caso particular, o de atribuir sua própria decadência ao estado da atmosfera, Kant estivesse motivado pelo pecado da vaidade ou por alguma relutância em enfrentar o fato real de que suas capacidades estavam se deteriorando. Mas não era esse o caso. Ele estava perfeitamente consciente de sua própria condição; e, já em 1799, ele dizia, em minha presença, a um grupo de amigos: "Senhores, estou velho, e fraco, e infantil, e vocês devem me tratar como uma criança". Ou se poderia pensar que talvez ele estivesse se furtando a considerar a hipótese da própria morte, que, à medida que as dores de cabeça pareciam fazer temer por uma apoplexia, poderia se dar a qualquer dia. Mas tampouco era esse o caso. Ele vivia agora num estado contínuo de resignação, e estava preparado para qualquer desígnio da Providência. "Senhores", disse ele um dia a seus convidados, "não temo morrer. Asseguro-lhes, como se estivesse na presença de Deus, que, se nesta mesma noite, eu fosse subitamente fulminado por minha sentença de morte, eu a ouviria com calma, ergueria minhas mãos ao céu e diria: 'Que Deus seja louvado!'. Se, por outro lado, a frase 'Quatro vintenas de anos vivestes, no decorrer dos quais grande foi o mal que infligistes aos homens teus iguais' me fosse sussurrada aos ouvidos, o caso seria diferente". Quem quer que tenha ouvido Kant falar da própria morte dará testemunho do tom de real sinceridade que marcava sua atitude e seus gestos nessas ocasiões.

Um terceiro sinal do estado de deterioração de suas faculdades: ele perdera qualquer estimativa precisa do tempo. Um único minuto – na verdade, sem exagero, um espaço de tempo muito menor – ampliava-se, no quadro de sua apreciação das coisas, até atingir uma duração insuportável. Posso dar disso um outro exemplo bastante interessante, que se repetia com frequência. No início do último ano de sua vida, ele adquiriu o costume de tomar, imediatamente após o almoço, uma xícara de café, especialmente naqueles dias em que eu fazia parte do grupo de convidados. E tal era a importância que ele atribuía a esse pequeno prazer, que chegava ao extremo de redigir, antecipadamente, uma nota, no livro em branco que eu lhe dera, lembrando-o de que no dia seguinte eu almoçaria com ele e, consequentemente, deveria haver café à disposição. Ocorria, às vezes, que o interesse da conversação fazia com que ele deixasse passar o momento em que lhe vinha a vontade de tomá-lo; e isso não era algo que eu lamentasse, pois eu temia que o café, ao qual ele nunca se habituara,[26] pudesse perturbar seu repouso durante a noite. Mas, se isso não acontecesse, iniciava-se então uma cena um tanto curiosa. O café devia ser trazido "na hora" (uma expressão que ele tinha constantemente nos lábios durante seus últimos dias), "em seguida". E as expressões de sua impaciência, embora, por causa do velho hábito, ainda gentis, eram tão enérgicas e tinham tanto de uma *naiveté* infantil, que nenhum de nós podia deixar de sorrir. Sabendo o que aconteceria, eu providenciava para que tudo estivesse preparado com antecedência: o café estava moído; a água estava fervendo; e no exato momento em que a ordem era dada, seu criado disparava como uma flecha e imergia o café na água. Tudo o que restava, pois, era esperar o tempo da fervura. Mas essa espera mínima era insuportável para Kant. Nós o cobríamos com todo o tipo de consolo: por mais que variássemos a fórmula, ele sempre tinha uma resposta pronta. Se um de nós dissesse "Caro professor, o café vai ser servido em seguida", ele diria "*vai* ser, mas há um senão, é que apenas *vai* ser: '*O homem nunca é, mas sempre* vai *ser feliz*'".[27] Se um outro exclamasse: "O café chegará imediatamente", "Sim", retorquiria ele, "assim como a próxima hora; aliás, é mais ou menos o mesmo espaço de tempo que eu terei esperado por ele". Então ele se recompunha com um ar estoico e dizia: "Bem, afinal está-se sujeito a morrer: não passa disso; e no outro mundo, graças a Deus, não se toma café e, consequentemente, não se tem que esperar por ele". Às vezes ele se levantava da cadeira, abria a porta e exclamava, com um débil queixume, como se estivesse apelando aos últimos restos de humanidade de seus semelhantes: "Café! Café!". E, quando, finalmente, ouvia os passos do criado nas escadas, voltava-se para nós e, tão alegremente quanto o lendário marinheiro do alto do mastro, ele gritava: "Terra, terra à vista, caros amigos!".

Esse declínio geral das suas capacidades, quer ativas quer passivas, produziu uma gradual revolução em seus hábitos de vida. Até então, como já mencionei, recolhia-se ao leito às dez horas e levantava-se um pouco antes das cinco. Ele ainda seguia a última dessas práticas, mas não a primeira. Em 1802, ele se retirava já às nove horas e, posteriormente, ainda mais cedo. Considerava-se tão renovado por esse acréscimo ao seu repouso, que no princípio estava inclinado a pronunciar um *eureka*, como se tivesse feito uma grande descoberta na arte de restauração da natureza exaurida: mais tarde, entretanto, ao estender ainda mais o período de repouso, percebeu não ter encontrado a resposta satisfatória para suas expectativas. Limitava agora os seus passeios a umas poucas voltas nos jardins reais, que não ficavam muito longe de sua casa. Para poder andar com mais firmeza, adotara um método bastante peculiar de caminhar: para ter uma base maior de apoio, em vez de dobrar a perna e jogá-la para a frente, movimentava-a perpendicularmente, e com uma batida no chão fazia com que a planta do pé atingisse o solo num único movimento. Apesar desse cuidado, certa vez ele caiu e não conseguiu levantar-se sozinho: duas jovens senhoras que haviam presenciado o acidente correram em seu auxílio. Ele fervorosamente agradeceu a ajuda com a graça habitual, presenteando uma delas com uma rosa que por acaso tinha na mão. Não era uma senhora que ele conhecesse, mas ela ficou extremamente deliciada com o singelo presente, e ainda conserva a rosa, como uma frágil lembrança do fugaz encontro com o grande filósofo.

Foi por causa desse acidente, como tenho motivos para acreditar, que, desde então, ele abandonou de vez os exercícios físicos. Todas as tarefas, mesmo a da leitura, eram agora executadas lentamente e com evidente sacrifício; e aquelas que exigiam qualquer esforço físico de monta tornaram-se extremamente extenuantes. Os pés recusavam-se, cada vez mais, a cumprir sua função; ele caía o tempo todo, não apenas quando se movimentava no quarto, mas também quando estava imóvel e na posição ereta: contudo raramente essas quedas causavam-lhe algum ferimento; e constantemente ria-se delas, sustentando que era impossível que se ferisse, em virtude da extrema leveza do seu corpo, que, de fato, não passava de uma simples sombra do que tinha sido. Com muita frequência, especialmente durante a manhã, ele acabava, por cansaço e exaustão, adormecendo na cadeira: nessas ocasiões podia acontecer de ele cair no chão, sendo incapaz de levantar-se sozinho, tendo que esperar que o acaso fizesse com que um de seus criados ou amigos fosse até o quarto. Posteriormente, procurou-se evitar essas quedas, com a utilização de uma cadeira com braços circulares que se encaixavam ao serem movimentados para a frente, travando-se.

Esses cochilos fora de hora expunham-no a outro perigo. Ao cochilar, durante a leitura, a cabeça acabava, muitas vezes, por cair sobre as velas; a touca de dormir, feita de algodão, ficava imediatamente em chamas, arriscando queimar-lhe a cabeça. Sempre que isso acontecia, Kant portava-se com uma presença de espírito extraordinária. Desconsiderando a dor, ele tirava a touca em chamas, depositava-a calmamente no chão e apagava o fogo pisando-a com os pés. Entretanto, como essa ação fazia com que sua camisola também ficasse perigosamente próxima de inflamar-se, mudei a forma de sua touca, convenci-o a arranjar as velas de maneira diferente e providenciei para que sempre houvesse um grande jarro de água ao seu lado; remediei, assim, um perigo que, do contrário, provavelmente ter-lhe-ia sido fatal.

Havia razão para se temer que, com as crescentes enfermidades, os acessos de impaciência que descrevi no caso do café se transformariam numa voluntariedade e numa obstinação generalizadas. Para o meu próprio bem, portanto, e também, não menos, para o dele, estabeleci então uma regra para minha conduta futura em sua casa, qual seja, que em nenhuma hipótese eu deixaria que minha reverência por ele influenciasse a mais firme expressão do que parecia a opinião justa em assuntos que dissessem respeito à sua própria saúde; e, nos casos de grande importância, que eu não teria qualquer condescendência para com seus insólitos humores, mas que imporia não apenas a minha opinião sobre o caso, mas também a adoção prática do que eu pensava; ou, se isso me fosse negado, que eu deixaria a casa imediatamente, não querendo me tornar responsável pelo bem-estar de uma pessoa sobre a qual eu não tinha qualquer possibilidade de influência. E foi essa resolução de minha parte que acabou por ganhar a confiança de Kant; pois não havia nada que o desgostasse mais do que qualquer coisa que chegasse perto do servilismo ou da obediência acovardada. À medida que sua demência aumentava, ele se tornava cada dia mais sujeito a delírios mentais; e, em particular, tendia a imaginar coisas fantásticas a respeito da conduta de seus criados e, consequentemente, a tratá-los com impertinência. Em geral, nessas ocasiões, eu mantinha um profundo silêncio. Mas, uma vez ou outra, ele pedia minha opinião; e quando isso acontecia, eu não hesitava em dizer: "Francamente, então, Sr. Professor, penso que o senhor está errado". "É o que pensa?", ele respondia calmamente, ao mesmo tempo que indagava por minhas razões, que ele ouvia com grande paciência e candura. De fato, era evidente que a mais firme das oposições, desde que se sustentasse em fundamentos e princípios precisos, ganhava seu respeito; enquanto, por outro lado, sua própria nobreza de caráter continuava levando-o ao habitual desprezo pela aquiescência medrosa e antecipadamente favorável a suas opiniões, até mesmo quando suas enfermidades o tornavam especialmente ansioso por tal aquiescência.

Antes, em outra fase da vida, Kant raramente caía em contradição. A excepcional inteligência; o brilhantismo nas conversas, em razão, por um lado, de sua ágil e por vezes cáustica espirituosidade e, por outro, de seu prodigioso cabedal de conhecimento; o ar de nobre autoconfiança que a consciência dessas vantagens imprimia a suas maneiras; e a percepção disseminada que se tinha a respeito da rigorosa pureza de sua vida, tudo isso se combinava para assegurar-lhe uma posição de superioridade sobre os outros que, em geral, impedia que caísse em flagrante contradição. E se, às vezes, por acaso, encontrava alguma oposição ruidosa e impertinente, de alguém que tentava mostrar-se espirituoso, ele, em geral, calmamente esquivava-se desse tipo de altercação inútil, ao conseguir dar um rumo tal à conversa que acabava por conquistar a simpatia geral do grupo e impor silêncio, ou, ao menos, moderação, ao mais feroz dos oponentes. Tratando-se de uma pessoa tão pouco acostumada à contrariedade, dificilmente se poderia esperar que ele fosse submeter, diariamente, seus desejos aos meus, se não sem discussão, ao menos sempre sem irritação. Mas foi o que aconteceu. Não havia hábito ao qual ele, em geral, por mais entranhado que fosse, não renunciasse, assim que lhe fosse apontado como sendo prejudicial à sua saúde. E ele tinha o excelente costume, nesses casos, de tomar essa decisão resoluta e imediatamente, por seu próprio convencimento, ou, se prometesse seguir a opinião do amigo, ele o faria sinceramente, sem tentar nenhum jogo desleal como o de cumprir o prometido apenas pela metade. Qualquer plano, por mais banal que fosse, que ele tivesse alguma vez concordado em adotar por sugestão de outra pessoa, nunca era depois abandonado ou dificultado por alguma intervenção extemporânea devida a seus humores. E, assim, até mesmo o período de sua deterioração propiciou tantas expressões renovadas de seu caráter sob seus aspectos afáveis ou nobres, que a afeição e a reverência que eu tinha por ele aumentavam a cada dia.

Tendo mencionado seus criados, devo agora aproveitar a ocasião para fazer um relato a respeito de seu criado de quarto, Lampe. Constituía uma grande desgraça para Kant que o envelhecimento desse homem coincidisse com o seu e estivesse sujeito a doenças de outro tipo. O mencionado Lampe tinha, antes, prestado serviço no exército prussiano, passando, ao sair, a trabalhar para Kant. Viveu nessa situação por quarenta anos; e, embora tivesse sempre se mostrado simplório e obtuso, ele tinha, nos primeiros anos desse período, cumprido seus deveres com razoável fidelidade. Mas, ultimamente, presumindo ser indispensável, em virtude do perfeito conhecimento que tinha de todos os arranjos domésticos e prevalecendo-se da fragilidade do amo, vinha se mostrando inconstante e suscetível a frequentes descuidos. Kant tinha se visto, assim, obrigado, nos últimos tempos, a ameaçá-lo, repetidamente, com a dispensa. Eu, que sabia que Kant tinha um coração dos mais bondosos, mas também um dos mais firmes, previa que essa dispensa, uma vez dada, seria irrevogável: pois a palavra de Kant era tão sagrada quanto os juramentos de outros homens. Argumentava com Lampe, por isso, a cada oportunidade, sobre a insensatez de sua conduta; e, nessas ocasiões, sua esposa reforçava o que eu dizia. Na verdade, estava mais que na hora de efetuar uma mudança nesse departamento; pois se tornara agora arriscado deixar Kant, que estava, em virtude de sua fragilidade, constantemente caindo, aos cuidados de um velho rufião, sujeito, também ele, a quedas, por causa da embriaguez. A verdade era que, desde o momento em que assumi a administração dos negócios de Kant, Lampe percebeu que estava chegando ao fim seu antigo sistema de se aproveitar da confiança de seu amo em questões pecuniárias e também todas as outras vantagens que ele tirava da sua situação de desamparo. Isso fez com que caísse em desespero, mostrando um comportamento que apenas piorava com o tempo, até que uma manhã, em janeiro de 1802, Kant me disse que, por mais que lhe fosse humilhante fazer tal confissão, o fato era que Lampe tinha acabado de tratá-lo de uma forma que ele tinha vergonha de reproduzir. Eu estava demasiadamente chocado para perturbá-lo com perguntas sobre os detalhes. Mas o resultado disso foi que Kant agora insistia, de maneira calma, mas firme, para que Lampe fosse despedido. Assim, um novo criado, chamado Kaufmann, foi imediatamente contratado; e, no dia seguinte, Lampe foi dispensado, com uma bela pensão vitalícia.

Devo mencionar, aqui, uma pequena circunstância que faz honra à benevolência de Kant. Em seu testamento, na suposição de que Lampe continuaria com ele até a morte, ele tinha incluído uma cláusula extremamente generosa para com o criado; mas com essa nova disposição a respeito da pensão, que deveria entrar em efeito imediatamente, tornou-se necessário revogar aquela parte do testamento; o que ele fez num codicilo em separado, que começava assim: "Em consequência da má conduta de meu criado Lampe, julgo apropriado, etc.". Mas logo depois, pensando que um registro tão solene e definitivo sobre a má conduta de Lampe poderia ser extremamente danoso aos seus interesses, ele suprimiu a passagem, de maneira que não restou nenhum vestígio de sua justa insatisfação. E sua natureza bondosa foi recompensada ao tomar conhecimento de que, uma vez suprimida essa sentença, não restava nenhuma outra em seus numerosos escritos, seja nos publicados, seja nos íntimos, que falasse a linguagem do rancor ou que deixasse qualquer margem para se duvidar de que ele tivesse morrido de bem com todo mundo. Quando Lampe, entretanto, solicitou-lhe um formulário de referência, ele se sentiu bastante constrangido; sua conhecida reverência pela verdade era tão inflexível e inexorável, que o preveniu contra os primeiros impulsos de sua bondade. Permaneceu ansiosamente sentado por um longo tempo, com o formulário diante dele, debatendo-se sobre como deveria preencher os seus quesitos. Eu estava presente nessa ocasião, mas não ousava, num assunto como esse, fazer qualquer sugestão. Finalmente, segurou a pena e simplesmente escreveu: "Serviu-me fielmente e por muito tempo (pois Kant não estava ciente de que ele o roubava), mas não revelou aquelas habilidades específicas que o qualificariam para prestar assistência a um homem idoso e doente como eu".

Encerrada essa cena de perturbação, que, para Kant, amante da paz e da tranquilidade, causou um choque do qual ele preferiria ter sido poupado, por sorte nenhuma outra da mesma natureza ocorreu pelo resto da vida. Kaufmann, o sucessor de Lampe, revelou-se um homem respeitável e correto, tendo logo criado um grande apego pelo amo. Daí em diante as coisas adquiriram um novo aspecto na família de Kant: com a remoção de um dos beligerantes, a paz foi uma vez mais restaurada entre os criados; pois até então tinha havido batalhas intermináveis entre Lampe e a cozinheira. Algumas vezes era Lampe que invadia o território da cozinheira; outras, era a cozinheira que se vingava desses ataques investindo contra Lampe no terreno neutro do vestíbulo ou chegando ao extremo de atacá-lo no seu próprio domínio, o santuário da sala de jantar. Os tumultos eram permanentes; e, no que a isso diz respeito, constituía uma bênção para a paz do filósofo que sua audição tivesse começado a mostrar-se deficiente, razão pela qual ele foi poupado das muitas demonstrações de explosões de ódio e de violência bruta que incomodavam seus convidados e amigos. Mas agora tudo tinha mudado: reinava um profundo silêncio na sala de jantar; na cozinha não se ouviam mais gritos de guerra; e o vestíbulo não era mais perturbado por escaramuças ou correrias. Mas se pode prontamente pensar que, para Kant, com a idade de setenta e oito anos, nenhuma mudança, ainda que para melhor, era bem recebida: tão intensa tinha sido a uniformidade de sua vida e de seus hábitos, que a mínima inovação no arranjo de objetos tão insignificantes quanto um canivete ou uma tesoura era suficiente para perturbá-lo; e não apenas quando eram afastados cinco ou sete centímetros de sua posição costumeira, mas até mesmo quando eram colocados levemente atravessados; e, quanto a objetos maiores, como cadeiras, etc., qualquer desvio de seu arranjo habitual, qualquer troca ou qualquer acréscimo na quantidade deixavam-no inteiramente confuso; e seus olhos pareciam percorrer incansavelmente o foco do desconcerto até que a antiga ordem fosse restabelecida. Com tais hábitos, o leitor pode imaginar o quanto lhe fora angustiante, nesse período de declínio de suas faculdades, adaptar-se a um novo criado, a uma nova voz, a um novo modo de andar, etc.

Consciente disso, eu tinha listado, numa folha de papel, para uso do novo criado, no dia anterior ao de sua entrada em serviço, toda a rotina da vida cotidiana de Kant, chegando aos menores e mais triviais detalhes, todos os quais ele dominou com a maior rapidez. Para não deixar dúvidas, entretanto, pusemo-nos a encenar todo o ritual; ele efetuava todos os passos, enquanto eu observava e dava as indicações necessárias. Ainda assim, sentia-me desconfortável diante da ideia de deixá-lo inteiramente por sua conta no seu *début* a sério e fiz, pois, questão de estar presente nesse importante dia; e, nos poucos casos em que o novo recruta deixava de executar a ação esperada, um rápido olhar ou um aceno de minha parte faziam-no compreender imediatamente a sua falha.

Havia uma única parte do cerimonial cotidiano em que estávamos todos no escuro, uma vez que se tratava daquela parte que os olhos de nenhum mortal, exceto os de Lampe, jamais haviam presenciado: o desjejum. Entretanto, para que pudéssemos fazer tudo o que estivesse ao nosso alcance, eu mesmo me fiz presente às quatro horas da manhã. Era, se bem me lembro, o dia 1º de fevereiro de 1802. Precisamente às cinco, Kant fez-se presente; e nada pode se comparar ao seu espanto por me ver na sala. Recém-saído da confusão dos sonhos e confuso, em igual medida, por ver o novo criado, pela ausência de Lampe e pela minha presença, foi com dificuldade que compreendeu o propósito de minha visita. É na adversidade que se conhece a amizade; e teríamos dado qualquer soma de dinheiro ao sábio tebano[28] que fosse capaz de nos dizer como se deve arranjar uma mesa para o desjejum. Mas tratava-se de um mistério que não tinha sido revelado a mais ninguém além de Lampe. Finalmente, o próprio Kant encarregou-se da tarefa; e aparentemente tudo estava agora arrumado como ele queria. Ainda assim, tive a impressão de que ele parecia incomodado ou constrangido. Em vista disso, disse-lhe que, com sua permissão, tomaria uma xícara de chá e depois fumaria um cachimbo com ele. Ele aceitou minha oferta com a cortesia habitual, mas parecia incapaz de se acostumar à novidade da situação. Eu estava, nesse instante, sentado diretamente à sua frente; e, finalmente, ele me disse com toda a franqueza, mas com a mais delicada e contrita das maneiras, que ele realmente era obrigado a solicitar que eu me sentasse fora de sua vista; pois tendo sentado sozinho à mesa do desjejum por bem mais que meio século, ele não conseguia de uma hora para a outra adaptar a sua mente a uma mudança nesse ponto e sentia que os seus pensamentos se tornavam extremamente dispersos. Fiz como ele desejava; o criado retirou-se para a antessala, onde ficou à espera de um chamado; e Kant recobrou sua compostura habitual. Repetiu-se exatamente a mesma cena quando fui visitá-lo, à mesma hora, numa bela manhã de verão, alguns meses mais tarde.

Daí em diante tudo correu bem; ou, se ocasionalmente ocorria algum pequeno erro, Kant mostrava-se extremamente tolerante e indulgente, e espontaneamente observava que não se podia esperar que um criado recém-admitido conhecesse todos os seus hábitos e caprichos. Num único aspecto, entretanto, o novo criado adaptou-se ao gosto letrado de Kant de uma maneira de que Lampe não fora capaz. Kant era um tanto meticuloso em matéria de pronúncia; e Kaufmann tinha uma grande facilidade em absorver o som apropriado das palavras latinas, os títulos dos livros e os nomes ou títulos dos amigos de Kant, proezas, todas elas, de que Lampe, o mais insuportável dos imbecis, era incapaz. Em particular, foi-me contado, por antigos amigos de Kant, que, pelo lapso de trinta e oito anos, durante os quais ele mantivera o hábito de ler o jornal publicado por Hartung, Lampe entregava-o ao amo, nos dias em que era publicado, com o mesmíssimo e estúpido erro: "Senhor Professor, aqui está o jornal de Hart*mann*". Ao que Kant replicava: "Hem? O quê? O que você me diz? O jornal de Hartmann? Não de Hartmann, mas de Hartung. Agora, repita comigo: não de Hartmann, mas de Hartung". Então Lampe, parecendo aborrecido, e empertigando-se, na rígida postura de soldado em sentinela, e exatamente no mesmo tom com que tinha sido habituado a proferir a intimação de *Quem vem lá?*, vociferava: "não de Hartmann, mas de Hartung". "Agora novamente", dizia Kant, ao que, novamente, Lampe vociferava: "Não de Hartmann, mas de Hartung". "Agora uma terceira vez", gritava Kant, ao que, por uma terceira vez, o infeliz Lampe ululava, em feroz desespero: "Não de Hartmann, mas de Hartung". E essa cena bizarra – de tropa em procedimento de revista – repetia-se o tempo todo: invariavelmente, quando chegava o dia da publicação (ou seja, duas vezes por semana), o recalcitrante e velho bobalhão era submetido ao mesmo exercício, que era invariavelmente seguido pelo mesmo e estúpido erro na próxima ocasião. De maneira que o incorrigível idiota deve ter repetido o mesmo e estúpido erro centro e quatro vezes ao ano (i.e., duas vezes por semana), que se deve multiplicar por trinta e oito, ou seja, o número de anos, para se chegar ao total. Por mais da metade da vida normal de um homem, tal como a estabelecem as escrituras, o velho asno, que nunca será suficientemente admirado, tropeçou exatamente na mesma e idêntica pedra. A despeito, entretanto, dessa vantagem do novo criado e, em geral, de uma superioridade frente a seu antecessor, a natureza de Kant era por demais generosa, por demais bondosa e por demais indulgente diante das debilidades de qualquer outra pessoa que não ele, para não sentir falta da voz e do "velho e familiar rosto" ao qual se habituara por mais de quarenta anos. E me deparei, na sua agenda, com algo que me impressionou como um exemplo comovente da estima de Kant por seu antigo e inútil criado: as outras pessoas registram o que querem recordar, mas Kant registrara ali o que seria melhor esquecer. "Lembrete – fevereiro de 1802, o nome de Lampe não deve mais ser lembrado".

Na primavera desse ano, 1802, aconselhei Kant a tomar algum ar. Fazia tempo que não saía de casa[29] e caminhar estava agora fora de questão. Mas pensei que talvez o movimento de uma carruagem e o ar pudessem reanimá-lo. No poder das paisagens e sons primaveris eu não confiava muito, pois há muito tinham deixado de afetá-lo. De todas as mudanças que a primavera carrega, havia uma única que agora interessava a Kant; e ele a desejava com uma avidez e com tamanha expectativa que se tornou quase insuportável presenciar: tratava-se do retorno de um passarinho (seria um pardal? ou era um pisco-de-peito-ruivo?) que cantava no seu jardim, diante da janela. O passarinho, o mesmo ou um outro de uma geração mais nova, tinha cantado por anos, na mesma situação; e Kant ficava ansioso quando a estação fria, durando mais que o comum, retardava a sua volta. Tal como Lorde Bacon, ele nutria, de fato, um amor infantil pelos pássaros em geral; e, em particular, dava-se ao trabalho de encorajar os pardais a fazerem seus ninhos na parte superior das janelas de sua sala de estudo; e, quando isso acontecia (como era frequentemente o caso, a julgar pelo profundo silêncio que reinava no quarto), ele observava suas movimentações com o prazer e a ternura que outros dedicam a uma atividade humana. Para voltar ao ponto sobre o qual falava, Kant mostrou-se inicialmente muito pouco disposto a adotar minha proposta de sair ao ar livre. "Vou desabar na carruagem", disse ele, "e me desfazer como um monte de trapos". Mas mantive-me firme, utilizando-me de uma amável impertinência, no propósito de estimulá-lo à tentativa, assegurando-lhe que retornaríamos imediatamente se achasse que o esforço era demasiado para ele. Assim, num dia toleravelmente quente do início[30] do verão, eu e um velho amigo de Kant dirigimo-nos, em sua companhia, a um recanto que eu havia alugado no campo. À medida que passávamos pelas ruas, Kant divertia-se em ver que podia sentar-se mantendo o tronco reto e suportar o movimento da carruagem, parecendo extrair um prazer juvenil da visão das torres e de outros edifícios públicos que não via há anos. Atingimos o local de nosso destino no melhor dos ânimos. Kant tomou uma xícara de café e tentou fumar um pouco. Depois disso, sentou-se e expôs-se ao sol, ouvindo deliciado o gorjeio dos passarinhos, que se reuniam em grande número em volta desse local. Ele identificava cada pássaro pelo canto, atribuindo-lhe o nome apropriado. Após termos permanecido ali por cerca de meia hora, pusemo-nos a caminho de casa: Kant mantinha-se animado, mas aparentemente saciado com o prazer de seu dia.

Eu tinha propositadamente evitado, nesse momento, levá-lo a algum jardim público, para não arruinar-lhe o prazer, expondo-o ao incômodo olhar da curiosidade pública. Entretanto, espalhou-se, em Königsberg, a notícia de que Kant saíra a passeio; e, assim, à medida que a carruagem passava pelas ruas em direção à sua casa, produzia-se um intenso afluxo de pessoas, vindas de toda parte e indo naquela direção; e, quando dobramos a rua em que ficava a casa, já a encontramos cheia de gente.

Quando, lentamente, nos aproximamos da porta, formou-se um corredor em meio à multidão, através do qual Kant foi conduzido, enquanto meu amigo e eu o apoiávamos pelo braço. Contemplando a multidão, notei os rostos de muitos membros da alta sociedade e de estrangeiros de renome, alguns dos quais viam agora Kant pela primeira vez e, muitos deles, pela última.

À medida que o inverno de 1802-3 se aproximava, ele se queixava mais do que nunca de uma afecção do estômago, que nenhum homem de medicina tinha sido capaz de mitigar ou sequer explicar. O inverno transcorreu em tom de lamentação; ele estava cansado da vida e não via a hora de deixá-la. "Não tenho mais o que dar ao mundo", disse, "e represento um peso para mim mesmo." Esforçava-me muitas vezes por animá-lo, fazendo-o imaginar as jornadas que poderíamos fazer juntos quando o verão chegasse. Era algo que levava tão a sério que chegou a classificá-las segundo uma hierarquia: 1. caminhadas; 2. passeios; 3. viagens. E nada se comparava à exasperante impaciência que se revelava diante da chegada da primavera e do verão, não tanto por suas próprias e peculiares atrações quanto por serem as estações propícias às viagens. Ele fez a seguinte anotação na sua agenda: "Os três meses de verão são junho, julho e agosto"; querendo dizer que eram os três meses propícios às viagens. E na conversação ele expressava a febril intensidade de seus desejos de uma maneira tão queixosa e comovente, que todos eram levados a entrar em forte comunhão com ele e a desejar que houvesse alguma fórmula mágica que permitisse antecipar o curso das estações.

Nesse inverno, o quarto em que dormia foi mantido constantemente aquecido. *Esse* era o quarto em que ele mantinha sua pequena coleção de livros, algo em torno de quatrocentos e cinquenta volumes, em geral exemplares presenteados pelos respectivos autores. Pode parecer estranho que Kant, que lia tanto, não tivesse uma biblioteca maior; mas tinha menor necessidade disso do que a maioria dos estudiosos, por ter sido, quando jovem, bibliotecário da Biblioteca Real do Castelo e, depois, por ter desfrutado – graças à generosidade de Hartknoch, seu editor (o qual, por sua vez, beneficiou-se das condições generosas pelas quais Kant lhe cedera os direitos autorais) – do privilégio de ser o primeiro a colocar os olhos em cada novo livro que era publicado.

No final desse inverno (isto é, 1803), Kant primeiramente começou a se queixar de sonhos desagradáveis, algumas vezes até mesmo de sonhos aterradores, que o despertavam num estado de grande agitação. Às vezes, certas melodias, que ele ouvira serem entoadas, no início da juventude, nas ruas de Königsberg, ressoavam dolorosamente em seus ouvidos e reverberavam de uma tal maneira que nenhum esforço de abstração conseguia livrá-lo delas. Esses sons mantinham-no acordado até altas horas; e, às vezes, quando, após uma longa vigília, ele conseguia adormecer, por mais profundo que fosse, o seu sono era interrompido por sonhos terríveis, que o agitavam de uma maneira indescritível. Quase todas as noites, o cordão de uma campainha que soava no quarto acima do seu, no qual dormia seu criado, era puxado violentamente e com extrema agitação. Por mais que se apressasse, o criado quase sempre chegava tarde demais, com a certeza absoluta de que encontraria o amo fora da cama e, muitas vezes, tentando dirigir-se, aterrorizado, a alguma outra parte da casa. A fragilidade de seus pés expunha-o, nessas ocasiões, a quedas tão terríveis, que acabei por convencê-lo (mas com muita dificuldade) a deixar que o criado dormisse no mesmo quarto que ele.

A afecção mórbida de seu estômago, em virtude da qual surgiram os aterradores sonhos, tornava-se cada vez mais incômoda; e ensaiou várias fórmulas, as quais tinha anteriormente condenado com veemência, tais como algumas gotas de rum numa pedrinha de açúcar, nafta,[31] etc. Mas se tratava, todas elas, de meros paliativos; pois sua avançada idade afastava a esperança de uma cura radical. Seus sonhos tornaram-se cada vez mais terríveis: cenas isoladas ou certas passagens, nesses sonhos, eram suficientes para compor o enredo inteiro de prodigiosas tragédias, cuja impressão era tão profunda que se prolongava dia adentro. Entre outras fantasmagorias mais chocantes e indescritíveis, seus sonhos constantemente pareciam-lhe representar silhuetas de assassinos aproximando-se da cabeceira da cama; e tão agitado ficava pelas intermináveis fileiras de figuras fantasmagóricas que desfilavam diante dele todas as noites, que, na indistinção inicial do despertar, ele geralmente tomava o criado, que se apressava para ajudá-lo, por um assassino. Durante o dia, frequentemente conversávamos sobre essas tenebrosas ilusões; e Kant, com seu costumeiro espírito de desprezo estoico por qualquer tipo de fraqueza nervosa, ria-se delas; e, para fortalecer sua própria resolução de dar-lhes combate, escreveu em seu diário: "Nenhuma capitulação agora ao pânico da escuridão". Atendendo a uma sugestão minha, entretanto, ele agora mantinha uma vela acesa no quarto, colocada de tal maneira que os raios não atingissem diretamente o rosto. No início, ele havia se mostrado bastante avesso à medida, mas gradualmente foi se adaptando a ela. Mas o fato de que ele fosse capaz de simplesmente suportá-la constituía, para mim, uma expressão da grande revolução operada pelo terrível poder de seus sonhos. Até então, a escuridão e o silêncio absoluto eram os dois pilares sobre os quais o seu sono repousava: nenhum passo deveria ser ouvido aproximando-se de sua porta; e, quanto à luz, um único raio de luar que ele visse penetrando por alguma fresta das cortinas era o suficiente para fazê-lo infeliz; e, na verdade, as janelas de seu quarto ficavam inteiramente cerradas dia e noite. Mas agora a escuridão era um terror para ele, e o silêncio, uma opressão. Além da lâmpada, portanto, ele tinha agora um relógio de repetição[32] no quarto. No início, o som era demasiadamente alto, mas foram tomadas providências para abafar o gongo, após o que tanto o tique-taque dos minutos quanto as batidas das horas e suas frações tornaram-se, para ele, sons que lhe serviam de companhia.

Nessa época (primavera de 1803), seu apetite começou a diminuir, o que considerei não ser um bom sinal. Muitas pessoas insistem que Kant tinha o hábito de comer em demasia, o que seria pouco saudável.[33] Não posso, entretanto, concordar com essa opinião, pois ele comia apenas uma vez ao dia e nunca tomava cerveja. Dessa bebida (falo especificamente da cerveja preta e forte), ele era, na verdade, o mais determinado inimigo. Se ocorresse de um homem morrer prematuramente, Kant dizia: "Aposto que estava tomando cerveja". Ou, se um outro estivesse indisposto, era certo que ele perguntaria: "Mas ele toma cerveja?". E seu prognóstico para o paciente variava de acordo com a resposta. Em suma, ele invariavelmente sustentava que a cerveja forte era um lento veneno. Voltaire, aliás, dissera a um jovem médico que colocara o café nessa mesma categoria: "Nisso você está certo, meu amigo, é mesmo lento, e terrivelmente lento, pois tomo café há setenta anos e ele ainda não me matou"; mas essa era uma resposta que, no caso da cerveja, Kant não admitiria.

No dia 22 de abril de 1803, seu aniversário, o último que viveu para ver, foi celebrado numa concorrida reunião de seus amigos. Era uma festa que ele aguardava com grande ansiedade, alegrando-se só de ouvir as notícias sobre o desenvolvimento dos preparativos. Mas quando o esperado dia finalmente chegou, a enorme animação e a tensão da expectativa pareciam ter se esgotado por si só. Ele tentou parecer feliz, mas o alvoroço de um grupo numeroso como esse o deixou confuso e perturbado, e seu ânimo parecia claramente forçado.[34] Só à noite ele pareceu ter recuperado algum genuíno sentido de prazer, depois que o grupo de amigos se fora e ele se despia em seu escritório. Ele então falou com muito gosto sobre os presentes que, como era costume, seriam dados aos criados nessa ocasião; pois Kant só ficava feliz se via felizes todas as pessoas ao seu redor.

Ele era um grande presenteador; mas ao mesmo tempo não tinha a mínima tolerância pelos efeitos teatrais estudados, pelo coro de congratulações formais e pelo sentimentalismo com que se dão presentes de aniversário na Alemanha.[35] Seu viés masculino dava-lhe, em tudo isso, uma sensação de algo *fade*[36] e ridículo.

O verão de 1803 havia chegado e, um dia, ao visitar Kant, foi com enorme perplexidade que o ouvi dar-me instruções, no mais sério dos tons, para providenciar os fundos necessários para uma longa viagem ao exterior. Não ensaiei qualquer oposição, mas perguntei-lhe quais eram as razões de tal plano; ele alegou as incômodas sensações que tinha no estômago, que não eram mais suportáveis. Sabendo da influência que sempre exercera sobre Kant uma citação de um poeta romano, eu simplesmente respondi: "*Post equitem sedet atra cura*";[37] e por ora ele não disse mais nada. Mas a seriedade tocante e sofrida com a qual ele estava continuamente fazendo preces para que o tempo se tornasse mais quente fez-me duvidar se, quanto a esse ponto, seus desejos não deveriam, ao menos parcialmente, serem satisfeitos; e, assim, propus-lhe uma pequena excursão ao chalé que visitáramos no ano anterior. "Qualquer lugar", disse ele, "não importa aonde, desde que seja longe o bastante". Assim, perto do final de junho, pusemos essa combinação em prática. Ao subirmos à carruagem, a ordem do dia, para Kant, era: "Distância, distância. Só importa ir para bem longe". Mas mal tínhamos chegado aos portões da cidade e a excursão já parecia ter durado demais. Ao chegar ao chalé, encontramos café à nossa espera; mas sem se dar o tempo para tomá-lo, ele ordenou que a carruagem estivesse pronta para a partida; e a viagem de volta pareceu-lhe insuportavelmente longa, embora tivesse sido feita em não mais que vinte minutos. "Isso nunca vai acabar?", era sua reclamação contínua; e grande foi sua alegria quando se viu de novo em seu escritório, sem as roupas de passeio, e na cama. E durante essa noite ele dormiu em paz, livre uma vez mais da perseguição dos sonhos.

Em seguida, começou outra vez a falar de excursões, de viagens a países remotos, etc., e repetimos, assim, nossa última excursão várias vezes; e, embora as circunstâncias fossem praticamente as mesmas a cada vez, sempre acabando em frustração relativamente ao prazer esperado, essas excursões foram, de maneira geral, salutares para o seu estado de espírito. Em particular, o chalé em si, situado sob o abrigo de altos amieiros, com um vale silencioso e solitário estendendo-se à sua frente e através do qual serpenteava um arroio, interrompido por uma cachoeira, cujo som, ritmado, acomodava-se agradavelmente aos ouvidos, dava-lhe, algumas vezes, num dia calmo e ensolarado, um intenso prazer: e uma vez, graças a uma fortuita combinação de nuvens de verão com raios de sol, a pequena paisagem pastoral subitamente despertou a vívida lembrança – que por muito tempo permanecera adormecida – de uma celestial manhã de verão na juventude que ele tinha passado num pequeno bosque, às margens de um riacho que corria pelos terrenos de um querido amigo de infância, o general Von Lossow. A força dessa impressão foi tal que ele parecia realmente estar vivendo novamente naquela manhã, pensando tal como pensara então e conversando com amigos queridos que já não existiam.

Seu último passeio mesmo foi em agosto desse ano (1803), não ao meu chalé, mas ao jardim de um amigo. Nesse dia em particular, ele havia manifestado uma grande impaciência. Ficara acertado que ele iria encontrar um antigo amigo nos jardins; e eu, com dois outros cavalheiros, iríamos junto para prestar-lhe ajuda. Ocorreu que *nosso* grupo chegou primeiro, e tivemos, assim, que esperar, mas apenas por uns poucos minutos. Tal, entretanto, era a fraqueza de Kant e tão completa a perda de sua capacidade de avaliar a passagem do tempo, que, após esperar por alguns poucos instantes, ele imaginou que várias horas tinham se passado e que, portanto, seu amigo não mais viria. Com essa ideia na cabeça, ele se afastou, extremamente abalado.

No início do outono, ele começou a perder a visão do olho direito; a do esquerdo, ele já havia perdido há muito tempo. É curioso que ele tivesse descoberto essa primeira perda por simples acaso. Tendo-se sentado, um dia, para descansar, no curso de uma caminhada, ocorreu-lhe comparar a acuidade da visão dos dois olhos; mas, tendo puxado um jornal que carregava no bolso, ficou surpreso ao descobrir que, usando apenas o olho esquerdo, não conseguia distinguir uma única letra. Ele tivera, mais cedo na vida, duas notáveis afecções nos olhos: uma vez, voltando de uma caminhada, passou a ver os objetos duplicados por um longo espaço de tempo; e, por duas vezes, ficou totalmente sem visão. Se esses acidentes devem ser considerados comuns ou não é uma decisão que deixo para os oculistas. O certo é que eles não causaram grande preocupação a Kant, que, antes de os anos reduzirem o vigor de suas capacidades, vivera num estado constante de preparação estoica para o que de pior podia lhe acontecer. Eu estava agora abalado só de pensar em quanto a esmagadora consciência que ele tinha do estado de dependência seria agravada caso ele perdesse totalmente a capacidade de visão. Mesmo no estado atual, ele lia e escrevia com grande dificuldade: na verdade, sua letra não era melhor do que aquela que a maioria das pessoas é capaz de fornecer de olhos fechados, quando a isso instadas, numa situação de teste. Em virtude de antigos hábitos de estudo solitário, ele não gostava, de maneira alguma, que outros lessem para ele; e me afligia, todos os dias, com a seriedade comovente de suas súplicas, para que eu lhe providenciasse óculos de leitura. Tentei tudo o que o meu conhecimento de ótica era capaz de sugerir, e os melhores óticos foram chamados para apresentarem suas lentes e receberem as instruções de Kant sobre como ajustá-las, mas de nada adiantou.

Nesse último ano de vida, era muito a contragosto que Kant recebia a visita de estrangeiros; e, em certos casos, simplesmente não a admitia. Entretanto, quando algum viajante fazia um grande desvio em sua rota para vê-lo, confesso que eu não sabia como proceder. Tê-lo impedido muito categoricamente só teria servido para dar a impressão de que eu queria parecer importante. E devo admitir que, ao lado de alguns poucos casos de inconveniência e demonstrações grosseiras de curiosidade simplória, testemunhei, em praticamente todas as classes, uma sensibilidade das mais delicadas relativamente à condição do idoso recluso. Ao enviarem seu cartão de visita, em geral faziam-no acompanhar de alguma mensagem expressiva a respeito de sua relutância em satisfazer seu desejo de vê-lo, porque não queriam correr qualquer risco de incomodá-lo. O fato era que tais visitas incomodavam-no muito; pois lhe era degradante ser exibido no estado de desamparo em que se encontrava, tendo consciência de sua própria incapacidade para corresponder devidamente à atenção que lhe era dedicada. Alguns, entretanto, eram recebidos,[38] dependendo das circunstâncias do caso e do estado de espírito de Kant no momento. Entre esses, lembro-me de que ficamos particularmente encantados com o Sr. Otto, o mesmo que assinou o tratado de paz entre a França e a Inglaterra com o atual[39] Lorde Liverpool (na época, ainda se chamava Lorde Hawkesbury). Também me vem à memória, neste momento, um jovem russo, em virtude do entusiasmo excessivo (mas genuíno, creio) que demonstrava. Ao ser apresentado a Kant, ele se adiantou apressadamente, tomou-lhe as mãos e as beijou. Kant, que, por ter vivido durante tanto tempo entre amigos ingleses, incorporara uma boa dose da distinta reserva inglesa e detestava qualquer tipo de cena, pareceu retrair-se um pouco diante desse tipo de saudação, tornando-se bastante constrangido. Não creio, entretanto, que a atitude do jovem estivesse, de alguma maneira, em desacordo com seus genuínos sentimentos, pois no dia seguinte ele voltou à casa, fez algumas perguntas sobre a saúde de Kant, mostrou-se muito ansioso por saber se a idade avançada era-lhe um peso e, sobretudo, implorou por alguma pequena lembrança do grande homem que pudesse levar consigo. Por acaso, o criado tinha encontrado um pequeno fragmento rasurado do manuscrito original de sua *Antropologia*,[39] o qual, com minha aprovação, ele entregou ao russo, que o recebeu extasiado, beijou-o, dando, então, ao criado, como retribuição, o único dólar que tinha com ele; mas, pensando que isso não era suficiente, tirou o paletó e o colete e fez com que o homem os vestisse. Kant, cujo caráter, de uma natural simplicidade, indispunha-o em grande medida a mostrar-se em acordo com quaisquer arroubos sentimentais, não pôde, entretanto, evitar sorrir divertidamente ao tomar conhecimento dessa demonstração de *naiveté* e de entusiasmo de seu jovem admirador.

Chego agora a um acontecimento na vida de Kant que contribuiu para seu desfecho final. No dia 8 de outubro de 1803, pela primeira vez desde a juventude, ele caiu gravemente enfermo. Quando estudante na universidade, ele padecera, uma vez, de uma febre aguda, que, no entanto, cedera diante de um tratamento corriqueiro; e, mais adiante, ele sentira alguma dor, resultante de uma contusão na cabeça; mas, com essas duas exceções (se é que elas podem ser consideradas como tal), ele nunca estivera, propriamente falando, doente. No momento, a causa de sua doença era a seguinte: ultimamente, seu apetite mostrava-se irregular, ou melhor, eu deveria dizer "alterado"; e ele não sentia mais prazer em outra coisa que não fosse pão com manteiga e queijo inglês.[40] No dia 7 de outubro, no jantar, ele comeu pouco mais do que isso, a despeito de tudo o que eu e um outro amigo que então jantava com ele fizéramos para convencê-lo. Pela primeira vez, julguei que ele parecia desgostoso com a minha insistência, como se eu estivesse ultrapassando os justos limites de meus deveres. Ele insistiu que o queijo nunca, antes, lhe fizera mal, nem o faria agora. Não tive outra saída senão a de calar a boca; e ele fez o que queria. A consequência foi o que se poderia esperar: uma noite agitada, seguida por um dia marcado por uma doença difícil de apagar da memória. Na manhã seguinte, tudo decorreu normalmente, até às nove horas, quando Kant, que estava, então, apoiado nos braços da irmã, subitamente caiu, sem sentidos, no chão. Imediatamente, mandaram um mensageiro me avisar, e dirigi-me prontamente para sua casa, onde fui encontrá-lo – sem voz e inconsciente – deitado na cama, que tinha sido, agora, transferida para o escritório. Eu já tinha convocado seu médico, mas antes que ele chegasse, a natureza tinha feito a sua parte, e Kant começava a se reanimar. Após uma hora, ele abriu os olhos, mas continuou a murmurar palavras sem sentido até o final da tarde, quando se restabeleceu e começou a falar racionalmente. Pela primeira vez na vida, ele ficava agora, por uns poucos dias, confinado à sua cama, sem nada comer. No dia 12 de outubro, voltou a ingerir alguma coisa e exigiu sua comida preferida, mas eu estava decidido, mesmo correndo o risco de desagradá-lo, a não permiti-lo, usando de toda a firmeza possível. Expus-lhe, assim, todas as consequências de seu último exagero, do qual ele não guardava, evidentemente, nenhuma lembrança. Ele ouviu o que eu disse com muita atenção e calmamente expressou sua convicção de que eu estava perfeitamente errado; mas por um tempo ele se submeteu à minha vontade. Alguns dias depois, entretanto, descobri que ele estava oferecendo um florim por uma porção de pão com manteiga, e depois um dólar, e depois ainda mais. Diante de uma nova recusa, ele se queixou amargamente; mas gradualmente perdeu sozinho o hábito de pedi-lo, embora às vezes deixasse involuntariamente escapar o quanto ele o desejava.

No dia 13 de outubro, seus almoços festivos foram retomados, e ele foi declarado convalescente; mas era apenas raramente, na verdade, que ele recuperava o estado de espírito tranquilo que tinha conservado até o ataque recente. Até então, ele sempre gostava de prolongar a refeição, a única que fazia, ou, tal como ele o expressou, numa frase clássica, *"coenam ducere"*;[41] mas era agora difícil fazê-la o suficientemente breve para os seus desejos. Do almoço, que terminava em torno das duas horas, ele ia diretamente para a cama, tendo períodos intercalados de sono, dos quais era regularmente acordado por fantasmagorias ou por sonhos aterradores. Às sete da noite, advinha, sem falta, um período de grande angústia, que durava até às cinco ou seis da manhã, às vezes até mais tarde; e ele continuava, noite adentro, a perambular e a deitar-se novamente, alternadamente, calmo às vezes, mas em geral muito agitado.

Com seu criado de quarto exaurido pela labuta diurna, tornava-se agora necessário que alguém permanecesse com ele durante a noite. Nenhuma pessoa parecia tão adequada para a tarefa quanto a irmã, a qual, não apenas porque vinha, há tempo, recebendo dele uma pensão bastante generosa, mas também porque era a parente mais próxima, seria a melhor testemunha de que o ilustre irmão não fora privado, nos seus últimos momentos, de nenhum conforto ou atenção que a sua situação exigia. Assim, consultada a respeito, ela aceitou a tarefa de cuidar do irmão, em revezamento com o criado; providenciou-se para que tivesse uma mesa separada para suas refeições e para que sua pensão fosse significativamente reforçada. Ela acabou por mostrar-se uma mulher calma e gentil, que não causava nenhum atrito entre os criados, logo ganhando o respeito do irmão pela sóbria e recatada elegância de suas maneiras e também, devo acrescentar, pelo afeto verdadeiramente fraternal que até o fim teve para com ele.

O dia 8 de outubro afetara gravemente as faculdades de Kant, mas não o destruíra inteiramente. Por curtos intervalos de tempo, parecia que se dispersavam as nuvens que tinham encoberto seu portentoso intelecto, fazendo com que fulgurasse como antes. Durante esses momentos de breve autocontrole, ele retomava sua costumeira bondade, expressando, de maneira muito comovente, sua gratidão pelos esforços dos que o rodeavam, bem como sua consciência do empenho que punham em ajudá-lo. Em particular, quanto ao criado de quarto, ele mostrava-se muito desejoso de vê-lo recompensado com generosos presentes, insistindo seriamente para que eu não fosse, de maneira alguma, parcimonioso quanto a isso. Na verdade, Kant mostrava-se nada menos que principesco no uso do dinheiro; e não se sabia de nenhuma outra situação em que ele expressasse com mais veemência seu sentido de desprezo do que quando fazia comentários sobre atos ou hábitos mesquinhos e miseráveis. Aqueles que o conheciam apenas por encontrá-lo nas ruas julgavam que não fosse generoso; pois recusava-se terminantemente, por princípio, a dar esmolas aos pedintes de costume. Era, por outro lado, extremamente generoso para com as instituições públicas de caridade; ele também ajudava, secretamente, seus parentes pobres de uma maneira muito mais ampla do que se poderia, razoavelmente, esperar dele; e revelava-se agora que a pensão recebida por muitos outros necessitados devia-se à sua prodigalidade, um fato que era inteiramente desconhecido de todos nós até que sua crescente cegueira e outras doenças obrigaram-no a transferir para mim a tarefa de pagar essas pensões. Deve-se também lembrar que toda a fortuna de Kant (que, excluindo-se os seus honorários oficiais, não excediam 20.000 dólares) era o produto de seu próprio e honroso trabalho de quase duas trintenas de anos; e que ele próprio passara, na juventude, por todas as dificuldades da pobreza, embora nunca tivesse ficado devendo nada a ninguém; circunstâncias, em sua história que, à medida que expressam o quanto ele devia estar consciente do valor do dinheiro, reforçam o mérito de sua munificência.

Em dezembro de 1803, ele se tornou incapaz de assinar o próprio nome. Na verdade, sua visão tinha se tornado, já há algum tempo, tão fraca, que, no almoço, ele não conseguia, sem ajuda, encontrar a colher; e quando acontecia de almoçar com ele, eu começava por cortar em pedaços o que estivesse no seu prato, depois os punha, um por um, numa colher de sobremesa, e então guiava sua mão de forma que ele encontrasse a colher. Mas a incapacidade de assinar o próprio nome não veio simplesmente da cegueira: o fato era que, em virtude da falta de retenção da memória, ele não conseguia lembrar-se das letras que formavam o seu nome; e quando elas lhe eram repetidas, ele não conseguia representar a figura das letras na sua imaginação. Na segunda metade de novembro, observei que essas incapacidades estavam se ampliando rapidamente e, em consequência, convenci-o a assinar antecipadamente todos os recibos, etc., que seriam necessários até o final do ano; e, posteriormente, a meu conselho, para evitar qualquer controvérsia, ele me passou uma procuração para assinar todos os papéis em seu nome.

Por mais que estivesse agora enfraquecido, Kant demonstrava, ocasionalmente, desejos de congraçamento social. Seu aniversário sempre constituía, para ele, um assunto agradável: algumas semanas antes da sua morte, fiz o cálculo do tempo que ainda faltava para aquela data e animei-o com a perspectiva da celebração que então se faria. "Todos os seus amigos", eu disse, "vão se reunir e erguer uma taça de champanhe à sua saúde." "Isso", disse ele, "é algo que deve ser feito imediatamente"; e não descansou enquanto não viu o grupo reunido. Tomou, então, um cálice de vinho com eles e, com o melhor dos humores, celebrou por antecipação o aniversário que estava destinado a jamais presenciar.

Nas suas últimas semanas de vida, entretanto, houve uma grande mudança no seu estado de espírito. À mesa do almoço, na qual até então reinara um clima de jovialidade sem qualquer perturbação, havia agora um silêncio melancólico. Perturbava-o ver as duas pessoas que lhe faziam companhia conversando entre si enquanto ele permanecia sentado, tal qual um figurante em cena, sem nenhum papel a representar. Mas tê-lo incluído na conversação teria sido ainda mais perturbador, pois sua audição estava agora extremamente prejudicada; até mesmo o esforço que fazia para ouvir era-lhe doloroso; e sua fala, ainda que os seus pensamentos fossem bastante precisos, tornara-se quase ininteligível. É notável, entretanto, que, mesmo no ponto extremo de sua decadência, quando se tornou inteiramente incapaz de conversar com um mínimo de lógica sobre os assuntos corriqueiros da vida, ele ainda fosse capaz de dar resposta, de maneira correta e distinta e com uma precisão espantosa, a qualquer questão sobre filosofia ou ciência e, especialmente, sobre geografia física, química ou história natural. No pior ponto de seu estado de deterioração, ele ainda conseguia discorrer satisfatoriamente sobre os gases, e enunciava com precisão diferentes proposições de Kepler, especialmente a lei dos movimentos planetários. Lembro-me, em particular, que, mesmo na última segunda-feira de sua vida, quando a extensão de sua fraqueza trouxera lágrimas aos olhos de um grupo de amigos, e ele estava sentado entre nós, insensível a tudo o que pudéssemos dizer-lhe, todo encolhido, ou melhor dito, transformado numa massa informe sobre a cadeira, mudo, cego, entorpecido, imóvel – mesmo então eu murmurei aos outros que eu faria com que Kant participasse da conversa com propriedade e animação, algo que eles acharam difícil de acreditar. Dito isso, aproximei-me de seu ouvido e fiz-lhe uma questão a respeito dos mouros da Berbéria.[42] Para a surpresa de todos, mas não para a minha, ele imediatamente nos forneceu um relato sumário de seus hábitos e costumes e nos disse, aliás, que, na palavra *Algiers*,[43] o "g" deveria ser pronunciado como "g" duro, tal como na palavra inglesa *gear*.

Nos últimos quinze dias de sua vida, Kant estava o tempo todo ocupado com alguma coisa, de uma maneira que parecia não apenas despropositada, mas também contraditória. Vinte vezes, num minuto, ele desatava e voltava a atar sua echarpe, fazendo o mesmo com uma espécie de cinto que usava em volta do roupão: assim que o via afivelado, ele o desafivelava ansiosamente, tornando-se, em seguida, ansioso por afivelá-lo novamente. Mas não há descrição capaz de dar uma ideia adequada da agitação com a qual, da manhã à noite, ele perseguia esse verdadeiro trabalho de Sísifo: fazer e desfazer, inquietando-se por não conseguir fazê-lo, inquietando-se por tê-lo feito.

Nessa altura, era raro que reconhecesse qualquer um dentre os que estavam à sua volta, tratando-nos a todos como estranhos. Isso aconteceu primeiramente com sua irmã, depois comigo e, finalmente, com seu criado. Um tal estranhamento relativamente a todos nós angustiava-me mais do que qualquer outro aspecto de sua degradação: embora soubesse que ele realmente não deixara de ter afeição por mim, sua atitude e a maneira como se dirigia a mim causavam-me o tempo todo essa impressão. Essa sensação tornava-se mais aflitiva quando a sua compreensão e a sua memória voltavam ao normal, embora isso ocorresse apenas por pequenos intervalos, os quais se tornavam cada vez mais raros. Nesse estado, silencioso ou balbuciando infantilmente, absorvido consigo mesmo e profundamente abstraído, ou então ocupado com fantasmas e alucinações de sua própria criação, tornando-se atento por um breve momento a alguma banalidade qualquer que fosse dita, voltando a se absorver por horas com o que talvez constituíssem fragmentos disparatados de grandiosos e efêmeros devaneios, que contraste ele fazia com *aquele* Kant que uma vez tinha sido o fulgurante centro do mais fulgurante dos círculos de distinção, de espírito ou de conhecimento que a Prússia podia proporcionar! Uma pessoa importante de Berlim que fora visitá-lo no verão anterior ficara extremamente chocada com sua aparência e disse: "Esse não é o Kant que conheci, mas o esqueleto de Kant!". Mais razão teria em dizê-lo se o tivesse visto agora.

Estávamos agora em fevereiro de 1804, o último mês que Kant estaria destinado a ver. É fato digno de nota que, na agenda que mencionei anteriormente, encontrei um fragmento de uma antiga canção (transcrita por Kant e datada do verão, cerca de seis meses antes de sua morte) que dizia que fevereiro era o mês em que as pessoas têm um peso menor a suportar, pela razão óbvia de que tem dois ou três dias a menos que os outros; e, num tom de dolorosa fantasia, a agenda registrava o seguinte comentário: "Oh, feliz mês de fevereiro em que o homem tem menos a suportar – menos dores, menos pesares, menos autoincriminações!". Mas, mesmo desse já curto mês, Kant não chegou a ter doze dias para suportar, pois foi no décimo segundo que ele morreu; e, na verdade, pode-se dizer que começara a morrer já no primeiro. Já não tinha mais que uma vida vegetativa; embora faíscas súbitas e momentâneas ainda saltassem das cinzas de seu antigo e magnífico intelecto.

No dia 3 de fevereiro, parecia que as fontes da vida estavam interrompendo sua atividade; pois a partir desse dia, ele não comeu mais nada, estritamente falando. Daí por diante, sua existência parecia ser prolongada por não mais que o simples impulso deixado pela força motora de um mecanismo que funcionara por uma vida de oitenta anos, mas que agora tinha sido removido. Seu médico visitava-o todos os dias numa hora determinada; e ficou acertado que eu sempre estaria lá para recebê-lo. Nove dias antes de sua morte, durante a visita de costume do médico, houve um pequeno incidente que nos afetou a ambos, por trazer forçosamente às nossas mentes as inextirpáveis delicadeza e bondade da natureza de Kant. Quando o médico foi anunciado, subi ao quarto de Kant e disse-lhe: "O Dr. A... está aqui". Kant levantou-se da cadeira e, estendendo a mão ao médico, murmurou algo em que a palavra "postos" era frequentemente repetida, mas de uma maneira que dava a entender que ele queria ser ajudado com o resto da sentença. O Dr. A..., que pensou que, por "postos", ele queria dizer os postos ao longo da estrada, em que os cavalos das diligências dos correios eram trocados por outros, descansados, e que, portanto, ele estava delirando, respondeu que todos os cavalos estavam contratados e pediu-lhe que se acalmasse. Mas, com um esforço enorme, Kant prosseguiu, acrescentando: "Muitos postos, postos de peso – então muita bondade – então muita gratidão". Tudo isso foi dito com aparente incoerência, mas com grande entusiasmo e com crescente autocontrole. Nesse ínterim, adivinhei perfeitamente o que Kant, sob o véu da demência que o cobria, queria dizer e tratei de interpretá-lo. "O que o professor quer dizer, Dr. A..., é isto: que, considerando os muitos postos e postos de peso que o senhor ocupa na cidade e na universidade, ele pensa ser uma grande generosidade de sua parte dedicar tanto do seu tempo a ele" (pois o Dr. A... jamais aceitara qualquer pagamento por parte de Kant), "e que ele tem profunda consciência de sua generosidade". "Exatamente", disse Kant, "exatamente!". Mas ele continuava de pé e estava quase desabando no chão. Diante disso, observei ao médico que eu tinha certeza de que Kant não se sentaria, por mais que lhe doesse ficar de pé, até que seus visitantes estivessem sentados. O médico pareceu duvidar disso; mas Kant, que ouvira o que eu dissera, por um prodigioso esforço confirmou minha interpretação de sua conduta e disse distintamente essas palavras: "Que Deus me proteja de descer tanto a ponto de esquecer os deveres da cortesia".

Quando o almoço foi anunciado, o Dr. A... deu sua visita por encerrada. Outro convidado tinha agora chegado, e eu tinha esperanças, em virtude da animação de que Kant recentemente dera mostras, de que teríamos, nesse dia, um encontro agradável; mas minhas esperanças foram vãs: Kant estava mais cansado que de costume; e, embora estivesse em condições de levar uma colher à boca, nada comeu. Já fazia algum tempo que tudo lhe parecia sem gosto; e eu tinha tentado, mas sem muito sucesso, estimular-lhe os órgãos do paladar com noz-moscada, canela, etc. Nesse dia nada funcionou, e não consegui convencê-lo a provar nem mesmo uma bolacha, uma torrada ou qualquer coisa do gênero. Eu o ouvira uma vez dizer que vários de seus amigos, que sofriam de *marasmus*,[44] haviam passado, na fase final da doença, quatro ou cinco dias sem qualquer dor, mas também sem qualquer apetite, e depois disso passavam o tempo todo dormindo tranquilamente. Temia que fosse por esse estágio que ele estava agora passando.

No sábado, dia 4 de fevereiro, ouvi seus convidados exprimirem, em voz alta, o temor de não voltarem a vê-lo; e eu próprio não podia fazer outra coisa senão concordar. Entretanto, no domingo, dia 5, almocei à sua mesa na companhia de seu íntimo amigo Sr. R. R.V. Kant ainda esteve presente, mas tão fraco, que a cabeça tombou-lhe sobre os joelhos, e ele se deixou cair contra o braço direito da cadeira. Levantei-me e ajeitei as almofadas, de maneira que sua cabeça ficasse erguida e apoiada, dizendo-lhe depois: "Agora, meu caro senhor, estamos novamente em ordem". Grande foi a minha surpresa quando ele respondeu clara e audivelmente com a frase militar romana: "Sim, *testudine et facie*",[45] e imediatamente depois acrescentou: "Pronto para o inimigo e em formação de batalha". Suas capacidades mentais ardiam em cinzas, mas de quando em quando se desprendia uma hesitante faísca ou um intenso jorro de luz, revelando que por sob as cinzas, dormente, subsistia a antiga chama.

Na segunda-feira, dia 6, ele estava muito mais fraco e entorpecido: não disse uma única palavra, exceto quando lhe perguntei sobre os mouros, tal como anteriormente relatado, e permaneceu sentado, com os olhos perdidos, imerso em si mesmo, sem dar qualquer sinal de que registrava nossa presença, de maneira que tínhamos a sensação de que estávamos vendo, sentado, à nossa frente, algum poderoso fantasma, vindo de um século esquecido.

Nessa altura, Kant tinha se tornado muito mais calmo e recomposto. Nos períodos iniciais de sua doença, quando sua força, ainda inquebrantável, entrara em conflito aberto com os primeiros ataques de decadência, ele tendia a se mostrar rabugento, e algumas vezes dirigia-se de maneira dura ou até mesmo rude aos criados, o que, embora manifestamente contrário à sua inclinação natural, era, dadas as circunstâncias, perfeitamente compreensível. Ele não conseguia se fazer entender: assim, constantemente traziam-lhe coisas que ele não havia pedido; e, frequentemente, as coisas que realmente queria não lhe eram trazidas, porque, apesar de todos os seus esforços, os nomes que utilizava eram ininteligíveis. Ele passou a sofrer, além disso, de uma violenta irritação nervosa, em virtude da desestabilização do equilíbrio das diferentes funções de seu corpo: a fragilidade de um órgão tornava-se para ele mais evidente por causa da força desproporcional de um outro. Mas, com o passar do tempo, o conflito chegara ao fim; todo o sistema estava inteiramente prejudicado e encaminhava-se agora, rápida e harmoniosamente, para a dissolução. A partir desse momento e até que tudo tivesse acabado, jamais deixou escapar qualquer gesto de impaciência ou sinal de agitação.

Eu o visitava, agora, três vezes por dia; e na terça-feira, 7 de fevereiro, chegando perto da hora do almoço, encontrei o costumeiro grupo de amigos sentados sozinhos, pois Kant estava na cama. Tratava-se, na *sua* casa, de uma cena nova, fazendo aumentar nossos temores de que seu fim estivesse próximo. Entretanto, tendo-o visto recuperar-se tantas vezes, eu não queria correr o risco de deixá-lo sem companhia para o almoço do dia seguinte e, assim, no horário costumeiro da uma hora, reunimo-nos em sua casa, na quarta-feira, dia 8 de fevereiro. Prestei-lhe os devidos respeitos tão animadamente quanto possível, e ordenei que o almoço fosse servido. Kant sentou-se à mesa conosco e, tomando uma colher com um pouco de sopa, levou-a aos lábios, mas imediatamente levou-a de volta ao prato e retirou-se, indo diretamente para o leito, de onde nunca mais se levantou.

Na quinta-feira, dia 9, ele mergulhara no estado de fraqueza de uma pessoa moribunda, e a aparência cadavérica (a *facies hippocratica*) já se apossara dele. Visitei-o frequentemente no decorrer do dia; e quando fui vê-lo pela última vez, cerca de dez horas da noite, encontrei-o totalmente inconsciente. Não consegui extrair dele qualquer sinal de que me reconhecia, e o deixei ao cuidado da irmã e do criado.

Na sexta-feira, dia 10, fui vê-lo às seis da manhã. O tempo estava extremamente tempestuoso e, durante a noite, caíra uma espessa camada de neve. Lembro-me, aliás, de que um bando de ladrões havia forçado a entrada pela propriedade de Kant a fim de chegar à casa do vizinho, que era ourives. Ao me aproximar da cabeceira de sua cama, eu disse: "Bom dia". Ele retornou o meu cumprimento, dizendo: "Bom dia", mas com uma voz tão fraca e vacilante que mal se podia dizer articulada. Fiquei contente de vê-lo consciente e perguntei-lhe se me reconhecia. "Sim", respondeu; e, me estendendo a mão, tocou-me carinhosamente o rosto. Pelo resto do dia, sempre que fui vê-lo, ele parecia ter caído novamente num estado de inconsciência.

No sábado, dia 11, permaneceu deitado, com os olhos fixos e opacos; mas, ao que tudo indicava, em perfeita paz. Perguntei-lhe novamente, nesse dia, se me reconhecia. Ele estava sem voz, mas voltou o rosto para mim e fez sinal para que o beijasse.[46] Ao inclinar-me para beijar seus pálidos lábios, fui tomado de profunda emoção; pois sabia que, com esse solene ato de ternura, ele queria exprimir sua gratidão por nossa longa amizade e simbolizar seu último adeus. Eu nunca o vira conferir a ninguém essa demonstração de seu amor a não ser uma vez, e isso foi algumas semanas antes de sua morte, quando fez a irmã aproximar-se e a beijou. O beijo que agora me dava seria o último registro de que ele era capaz de me reconhecer.

Qualquer fluido que agora lhe fosse oferecido passava pelo esôfago com um som rascante, como acontece frequentemente com os moribundos; e havia todos os sinais de que a morte estava próxima.

Eu queria ficar com ele até que tudo acabasse e, como estava entre as testemunhas mais próximas de sua vida, queria também ser testemunha de sua partida; e, assim, jamais me afastei dele, exceto quando fui chamado por alguns instantes para cuidar de um assunto pessoal. Passei toda essa noite à sua cabeceira. Embora ele tivesse passado o dia num estado de inconsciência, à noite deu sinais inequívocos de que queria que seu leito fosse arrumado; tomamo-lo, pois, nos braços e o erguemos, enquanto as cobertas, os lençóis e os travesseiros eram rapidamente arrumados, e depois o pusemos de volta. Ele não dormiu; e geralmente rejeitava a colherada de líquido que era às vezes levada aos seus lábios; mas, perto de uma hora da madrugada, ele próprio fez um movimento em direção à colher, fazendo-me deduzir que ele estava com sede; e lhe dei uma pequena quantidade de vinho e água açucarada; mas os músculos de sua boca não tinham força suficiente para reter o líquido, de maneira que, para impedir que regurgitasse, ele levou a mão aos lábios até que, com um som rascante, acabou engolindo-o. Ele parecia querer mais; e continuei a dar-lhe mais, até que ele disse, de uma maneira que mal pude compreender: "É o bastante".[47] E essas foram suas últimas palavras. É o bastante! *Sufficit!* Fortes e simbólicas palavras! De vez em quando, ele afastava o acolchoado e ficava descoberto, fazendo com que eu constantemente tivesse que cobri-lo novamente, e, numa dessas ocasiões, percebi que o corpo todo e, em particular, as extremidades já estavam enregelando, e o pulso estava irregular.

Às três e quinze da manhã de domingo, dia 12 de fevereiro de 1804, Kant endireitou-se como se estivesse assumindo uma posição para o seu ato final e se fixou na postura exata que conservou até o momento da morte. A pulsação nas mãos, nos pés ou no pescoço não era mais perceptível ao toque. Tentei encontrá-la em todos os lugares em que normalmente a sentimos, mas em vão, exceto na virilha esquerda, em que continuava a bater com força, mas irregularmente.

Aproximadamente às dez horas da manhã, ele passou por uma notável transformação; seus olhos estavam rígidos, e seu rosto e seus lábios tornaram-se descoloridos, revelando uma palidez cadavérica. Mas tal era a força de seus hábitos de exercício físico, que não havia qualquer marca do suor frio que naturalmente acompanha a última agonia da morte.

Eram quase onze horas quando chegou o momento da dissolução. Sua irmã estava junto ao pé da cama, e o sobrinho, à cabeceira. Eu, com o propósito de continuar observando as oscilações de sua pulsação, estava ajoelhado ao lado da cama; e chamei o criado para que se aproximasse para testemunhar a morte de seu bom amo. A última agonia estava agora chegando ao fim, se é que se pode chamar de *agonia* algo em que parece não haver qualquer luta.[48] E, exatamente nesse momento, entrou no quarto o seu eminente amigo, o Sr. R. R. V., que eu havia mandado chamar por um mensageiro. Primeiramente, a respiração foi ficando mais fraca; depois a expiração tornou-se irregular e, em seguida, também a inspiração, e o lábio superior começou a tremer levemente; depois disso seguiu-se um único e fraco suspiro; e depois nem isso; mas a pulsação ainda bateu por alguns segundos – mais lenta e mais fraca, mais lenta e mais fraca, até cessar completamente; o mecanismo parara; o último movimento chegava ao seu fim; e exatamente nesse momento o relógio deu as onze horas.

★ ★ ★

Pouco após a morte, a cabeça de Kant foi raspada; e, sob a orientação do Professor Knorr, tirou-se um molde em gesso, não simplesmente do rosto, mas de toda a cabeça, com o propósito, creio, de enriquecer a coleção craniológica do Dr. Gall.

Após o corpo ter sido composto e apropriadamente vestido, uma quantidade enorme de pessoas de todas as classes, da mais alta à mais baixa, acorreu para vê-lo. Todos estavam ansiosos para aproveitar a última oportunidade que teriam para vê-lo e depois dizer: "Eu também vi Kant". Isso continuou por muitos dias, durante os quais, da manhã à noite, a casa ficou repleta de gente. Grande era a surpresa de todos diante do aspecto de magreza de Kant; e era geral o acordo de que nunca se havia visto um corpo tão devastado e tão emaciado. Sua cabeça repousava sobre a mesma almofada sobre a qual uma vez os dirigentes da universidade haviam-lhe oferecido uma carta de homenagem; e pensei que não poderia dar-lhe emprego mais honroso do que o de depositá-la no ataúde, como o último travesseiro daquela imortal cabeça.

Kant tinha deixado registrado num documento especial, muitos anos antes, seu desejo quanto ao estilo e ao modo de seus funerais. Ele aí estabelecera que se devessem dar no início da manhã, com o mínimo possível de ruído e de perturbação, com a presença de apenas alguns de seus amigos mais íntimos. Certa vez, quando, a seu pedido, ordenava seus papéis, encontrei esse documento e lhe dei francamente minha opinião de que essa exigência me colocaria, como executor de seu testamento, numa situação bastante embaraçosa; pois poderiam, muito provavelmente, surgir circunstâncias sob as quais seria praticamente impossível colocá-la em efeito. Diante disso, Kant rasgou o papel, deixando a questão ao meu arbítrio. O fato era que eu antevia que os estudantes da universidade jamais permitiriam que lhes fosse tirada a oportunidade de expressarem sua veneração por meio de um funeral público. Os fatos mostraram que eu estava certo; pois a cidade de Königsberg jamais antes presenciara, nem depois presenciaria, um funeral tão solene e majestoso quanto o de Kant. Os principais jornais, bem como relatos separados em panfletos, etc., registraram tão minuciosamente todos os seus detalhes, que me limitarei aqui apenas aos pontos culminantes da cerimônia.

No dia 28 de fevereiro, às duas da tarde, todos os dignitários da Igreja e do Estado, não apenas os residentes em Königsberg, mas também vindos das partes mais remotas da Prússia, reuniram-se na igreja do castelo. Daí foram acompanhados pelo corpo inteiro da universidade, esplendidamente aparamentado, em acordo com a ocasião, e por muitos oficiais militares graduados, para os quais Kant sempre havia sido uma figura extremamente querida, até à casa do falecido professor; daí o corpo foi levado, à luz de archotes, enquanto soavam os sinos de cada uma das igrejas de Königsberg, até à catedral, que estava iluminada por uma quantidade imensa de velas. Uma fileira interminável de pessoas acompanhou o cortejo a pé. Na catedral, após os ritos funerários de praxe, acompanhados por todas as expressões possíveis de veneração nacional pelo falecido, houve uma majestosa celebração musical, admiravelmente executada, ao término da qual os restos mortais de Kant foram baixados ao jazigo destinado aos professores falecidos; e é lá que ele agora repousa, entre os patriarcas da universidade. PAZ AO PÓ A QUE ELE RETORNOU; E VENERAÇÃO ETERNA À SUA MEMÓRIA!

Notas

[1] A saber, o alemão. Pois constituía um elemento significativo da grande revolução no sentimento de dignidade que, no início do século XVIII, começara a despertar no povo alemão, o fato de que Kant escrevera quase exclusivamente em alemão, enquanto Leibniz, seu precursor, que ocupara por cinquenta anos, entre 1666 e 1716, a mesma cátedra de filosofia que Kant, também por cinquenta anos, ocuparia entre 1750 e 1800, escrevera principalmente em francês ou, às vezes, em latim. E por quê? Simplesmente porque todos os príncipes soberanos da Alemanha, que não viam nada de errado em adotar moedas (dólares e coroas) *alemãs*, desenharam suas maquinarias áulicas num espírito tão servil de imitação da França, que até o sopro de suas narinas era feito da atmosfera fétida e saturada de Versalhes, "preparada" (como diriam as nossas companhias de fornecimento de água) de segunda mão para uso alemão. O ar das florestas alemãs que uma vez Arminius* considerou ser mais do que bom, a língua da Alemanha que Lutero tornou tão ressonante quanto uma trombeta da Ressurreição – essas duas coisas não eram boas o suficiente para os *Serenissimi* da Alemanha. Até mesmo Fritz, o Único (*Friederich der Einziger*), que era o nome alemão, o nome carinhoso, para o homem que na Inglaterra chamamos de o *grande* rei da Prússia, o herói da Guerra dos Sete Anos, o amigo e também o inimigo de Voltaire, era, sob esse aspecto, ainda mais abjeto que seus antecessores. Mas se ele não mudou, a Alemanha *sim*. A grande força e abrangência da língua alemã, que o mais vil dos servilismos antinacionais obscureceu aos olhos daqueles que ocuparam tronos, foram, aos poucos, tornando-se evidentes, com o avanço da cultura, à mente do povo alemão. Foi o que tornou possível que Kant tivesse escrito quase exclusivamente em alemão; ou, se *não* em alemão, então em latim, mas apenas por exigência acadêmica. Entretanto, essa prosperidade da língua alemã mostrou-se a desgraça da filosofia de Kant. Por muitos anos, *sua* filosofia esteve acessível apenas aos

que liam alemão, uma façanha extremamente rara até à era de Waterloo; ou, se *não* era rara em algum setor (como entre os representantes das grandes casas comerciais que exportavam para a Alemanha ou entre os bancários), não era provável que estivesse disponível para os propósitos da literatura ou da filosofia. Desde então, Kant foi traduzido para o latim, especificamente por Born, cuja versão não tive a oportunidade de conferir; e, no que diz respeito à obra cardinal de Kant, admiravelmente traduzida por Phiseldek,★★ um professor dinamarquês; e possivelmente por outros, dos quais não tenho conhecimento. Também foi traduzido para o inglês; mas se o breve fragmento que uma vez me foi passado é de fato um espécime representativo do estilo dominante, não está escrito num inglês que tenha muita chance de conquistar um público favorável. Deve ser dito, entretanto, que tal façanha estaria além das potencialidades existentes em *qualquer* língua e da capacidade de *qualquer* artista de tirar proveito dessas potencialidades. E, se assim é, não parece injusto acusar essa versão particular, por mais inábil que ela possa ser, de um fracasso que, para todos os efeitos, seria previsível para qualquer tradução possível, por mais judiciosa e magistral que ela pudesse ser? Respondo que, sem dúvida, a mera habilidade no tratamento da língua em nada serviria para popularizar uma filosofia essencialmente obscura. Popular, a filosofia transcendental não pode ser. Esse não é o seu destino. Mas naqueles dias em que o alemão ainda era uma linguagem secreta, uma tradução judiciosa pode ter servido para expurgar a filosofia de tudo o que provavelmente possa se mostrar ofensivo à primeira vista. Os poucos que, em qualquer nação, são capazes de dominá-la podem ter se tranquilizado; de qualquer maneira, esses não estavam propensos a encontrar qualquer coisa que fosse *prima facie* repulsiva, ou gratuitamente repulsiva, em sua dicção; e aqui, como em outros casos, esses poucos teriam gradualmente difundido entre os demais grande parte daquilo que era mais valioso. Se o problema fosse apenas com a lógica e com a ética, as vantagens de uma legislação mais nova e mais severa já deveriam ter surgido. A lógica, com seu próprio campo e suas próprias fronteiras mais rigorosamente estabelecidos, teria readquirido seus direitos; renunciando a uma jurisdição que *não* é a *sua*, teria exercido com mais autoridade e efeito a que *é*. E a ética, retemperada com vigor estoico, ao renunciar a qualquer namoro efeminado com o *eudemonismo*, teria indiretamente cooperado com os sublimes ideais do Cristianismo. [★Nome latino de Irmin ou Hermann (16 a.C.-21 d.C.), comandante militar germânico. ★★C. F. Schmidt-Phiseldek (1770-1832). (N. T.).]

[2] Pode-se considerar que, na época em que isso foi escrito, estava mais próximo da verdade que agora, e, por essa razão, um pedido de desculpa era menos necessário. Mas, num exame mais criterioso, tenho dúvidas de que isso tenha sido, em qualquer período, verdadeiro, no grau suposto por julgamentos populares apressados. A filosofia especulativa da Inglaterra tem-se inclinado, em todas as épocas, a esconder-se atrás da teologia. Na divindade* da Inglaterra, oculta-se a sua filosofia. Por mais de três séculos, a divindade da Inglaterra formou uma seção magnífica da literatura nacional. Na realidade, não há senão duas igrejas eruditas no mundo – não mais, portanto, que duas teologias sistemáticas: em primeiro lugar, a papal; em segundo, entre as igrejas protestantes, a anglicana. Mas não é também o caso na Alemanha? Sim, também há uma teologia alemã, e *houve*, em qualquer intervalo desses quarenta anos. E com respeito ao fato de que se intitula a si mesma (com base numa mistura de covardia e autointeresse) uma teologia *protestante*, é suficiente dizer que ela não apresenta qualquer tipo de *unidade*, boa ou má. Trata-se de algo disperso, fragmentário; sem coesão interna: não oferece qualquer totalidade sistemática; não parte de nenhum credo declarado e não é controlada por qualquer princípio comum de interpretação. Mas não se trata de uma teologia erudita e, em segundo lugar, de uma teologia protestante? Quanto à primeira questão, nenhum homem sincero responderá a tal pergunta sem antes fazer uma distinção. Se a filologia, e *isso* apenas, fosse igual à tarefa de construir uma divindade sistemática, então o alemão seria, num grau supremo, erudito. Mas não aceito que os enormes esforços de três séculos e meio, acumulados por nossa igreja anglicana, pela igreja gálica, pelos vários ramos da igreja romana mais estritamente papal, possam ser reduzidos a mera filologia. À medida que todos os estudos relacionados com a linguagem vão se tornando, em nossa época, mais criticamente exatos, com grandes vantagens para a pesquisa cuidadosa, o alemão passará a ser visto sob uma luz favorável. Mas, nesse ínterim, seus esforços de pensamento e seu amplo e reflexivo trabalho comparativo são como brincadeira de criança diante das colossais contribuições de nossos próprios e heroicos pesquisadores nesse campo. Quanto à segunda questão, a resposta é curta e peremptória. É ela protestante? Não; *sans phrase*,** não. Nem tampouco poderia jamais ter sido assim julgada, a não ser pela seguinte falácia. Supõe-se que o princípio característico do protestantismo é o direito ao julgamento pessoal: portanto, é comum

dizer-se, sem escrúpulos, que todos os protestantes exercem o direito ao julgamento pessoal. Com base nisso, surge um alemão qualquer que inverte a regra, dizendo: todos os homens que exercem o direito ao julgamento pessoal são protestantes. Desde que, obsequiosamente, se aceite essa falácia, a teologia alemã é protestante, pois certamente não há qualquer carência de julgamento pessoal ou de audácia. Mas, nesse ínterim, o valor ou a eficácia de uma tal designação virou fumaça. Não pode ser protestante *aquilo* que assume espasmodicamente todas as possíveis relações com todos os objetos imagináveis. É suficiente dizer que a teologia alemã está totalmente à deriva, indo para qualquer direção, de acordo com o impulso que receba: algumas vezes obediente ao capricho aleatório do escritor individual, algumas vezes à moda passageira do pensamento da época. O número de teologias incoerentes que apresenta é quase igual ao número de autores individuais existentes. E, finalmente, na ocorrência de alguma disputa ou ameaça de cisão grave, não existe nenhuma corte reconhecida (falo figurativamente, querendo dizer "nenhum tribunal intelectual") à qual se possa recorrer para chegar a uma solução. [*Por "divindade", entenda-se o "estudo da divindade", isto é, a teologia. **Em francês, no original: "sem mais delongas". (N. T.).]

[3] Pelo lado paterno, a família de Kant era de origem escocesa; por isso, o sobrenome era grafado por seu pai como "Cant", que é um sobrenome escocês e que pode ser encontrado na Escócia ainda hoje. Mas Immanuel substituiu o "C" pelo "K", para adaptá-lo às características da língua alemã.

[4] *Michaelmas*, no original. Celebra-se no dia 29 de setembro e marca, no hemisfério norte, o início do outono, bem como do ano letivo nas escolas e universidades. (N. T.).

[5] Devemos atribuir a essas circunstâncias o fato de ela ser tão pouco conhecida entre os filósofos e os matemáticos dos outros países, e também o fato de que D'Alembert, cuja filosofia estava desgraçadamente abaixo de sua matemática, continuava a representar a disputa, muitos anos depois, como sendo apenas verbal.

[6] Essa, creio, era a expressão dominante, mas, na realidade, muito mais que "germens". Para mim, esse memorável ensaio mais parece, pela tênue lembrança que dele tenho, um resumo da *Crítica da razão pura* do que uma prefiguração de seu esboço por algum esforço de preconcepção imperfeita.

[7] Ehrgott Andreas Christoph Wasianski (1755-1831): amanuense e discípulo de Kant, autor da biografia em que se baseia, centralmente, este relato de De Quincey: *Immanuel Kant in seinen letzten Lebensjahren* [Immanuel Kant em seus últimos anos de vida], publicado em 1804.
Reinhold Bernhard Jachmann (1767-1843): discípulo de Kant e um de seus amanuenses. Escreveu a biografia *Immanuel Kant, Sein Leben in Darstellungen von Zeitgenossen* [Immanuel Kant, sua vida através das descrições de seus contemporâneos], publicada em 1804. Educado como pastor, dirigiu vários estabelecimentos educacionais.
Friedrich Theodor Rink (1770-1811): discípulo de Kant, foi responsável por compilações de algumas de suas aulas e conferências, como a que foi publicada, em 1803, com o título de *Über Pädagogik* [*Sobre a pedagogia*. Piracicaba: Ed. UNIMEPE, 2002. Tradução de Francisco Cock Fontanella];
Ludwig Ernst Borowski (1740-1832): foi um dos primeiro alunos de Kant e, mais tarde, um de seus primeiros biógrafos. Foi capelão militar e depois pastor da igreja luterana de Königsberg, chegando ao grau de arcebispo. Publicou *Darstellung des Lebens und Characters Immanuel Kant's* [*Descrição da vida e da personalidade de Immanuel Kant*], Königsberg: Friedrich Nicolovius, 1804. (N. T.).

[8] Essa observação não deve, entretanto, ser interpretada com demasiado rigor. Sem dúvida, seria errado e constituiria um mau exemplo distribuir entre todos e confundir as responsabilidades individuais de cada homem. Quando as opiniões envolvem distinções morais importantes, devemos, sem dúvida nenhuma, deixar que cada um responda por si e apenas por aquilo pelo qual assumiu responsabilidade explícita. Mas, por outro lado, seria bastante enfadonho para o leitor se as menores lembranças de dez ou quatorze homens sobre Kant fossem individualmente identificadas com um certificado separado de origem e propriedade. A expressão *Wasianski loquitur* [é Wasianski quem fala] deve ser vista como uma qualificação conveniente, mas não se deve entender que Wasianski seja sempre responsável por cada opinião ou fato particular relatado, a não ser nos casos sujeitos a dúvida ou controvérsia. Nesses casos, a responsabilidade é cautelosamente discriminada e particularizada.

[9] Essa não era uma regra de Lorde Chesterfield,* mas uma regra que nos foi legada pelas épocas clássicas da Grécia. Por não se lembrar disso, entretanto,

e em busca de uma pessoa conveniente a quem atribuir a paternidade de uma fórmula tão graciosa, o escritor alemão resolveu atribuí-la a Lorde Chesterfield; pois, embora *não* seja dele, *le mot* [a expressão] não é, na verdade, melhor do que muitas que o são: deveria sê-lo. [★Lorde Chesterfield – Philip Dormer Stanhope, 4º Conde de Chesterfield (1694-1733), estadista e escritor inglês. Como diz o próprio De Quincey, a expressão é do próprio Kant: "O bem-estar que parece melhor se afinar com tal incremento é *uma boa refeição em boa companhia* (e, se possível, também variada,), da qual Chesterfield diz que ela não deve ser inferior ao do número das Graças [3] nem superior ao das *Musas* [9]". (*Antropologia de um ponto de vista pragmático*. Tradução de Clélia Aparecida Martins. São Paulo: Iluminuras, 2006. p. 175). (N. T.).]

[10] Sua razão para isso era que ele considerava o clima como uma das principais forças que agem sobre a saúde; e sua própria constituição era especialmente sensível a todas as influências atmosféricas.

[11] Referência a um príncipe da família dos Barmecidas, personagem de um dos contos de *As mil e uma noites*. Na história, Barmecida convida um mendigo faminto para comer em seu palácio e simula servir um banquete, fazendo apenas os gestos correspondentes e servindo comida imaginária, mas sem proporcionar-lhe qualquer alimento real. Ao final, Barmecida serve uma refeição real ao mendigo, dizendo que o que ele tinha feito era apenas um teste. Como ele se mostrara um homem capaz de tirar o melhor de qualquer coisa, convida-o para viver com ele no palácio. A expressão "festa de Barmecida", entretanto, refere-se a qualquer tipo de refeição festiva com mais ênfase na pompa e na aparência do que na oferta real de comida e hospitalidade. No caso da história de Kant, a presença de um criado para servir as diferentes rodadas de prato da refeição causaria esse efeito. (N. T.).

[12] À maneira dos poemas de Anacreonte (570 a.C.-478 a.C.), notáveis por celebrarem o vinho (Dioniso), o amor (as musas) e a boa companhia. É sinônimo de algo agradável, alegre e despreocupado. (N. T.).

[13] Algo é dito ou insinuado, por alguns colaboradores desse registro, sobre uma segunda rodada de pratos. Mas a pura verdade, quando se fala de um *ménage* [arranjo doméstico] tão modesto quanto o de qualquer estudioso sem qualquer fortuna pessoal ou, tal como Kant, sem qualquer outro rendimento que não a modesta quantia de cerca de 4.000 libras esterlinas que ele tinha

conseguido reunir durante quarenta anos de economia, com seu parco salário na universidade, somos obrigados a nos lembrar de que qualquer *substituição* de pratos poderia, tecnicamente falando, contar como uma segunda *rodada*. Conheci um homem que ofereceu a seus convidados um prato com agrião e rabanete, que ele designou como "terceira rodada", oferecendo, depois, dois tipos de pãezinhos, que mereceram o título de "*quarta* rodada". Nesse meio tempo, obtive de uma fonte privada uma informação (inteiramente confiável) que descartaria, em parte, os relatos de Wasianski e de Rink. Permito-me, pois, questionar a veracidade do relato desses cavalheiros? De forma alguma. A simples trivialidade do caso todo é garantia suficiente de sua precisão. Mas eles (tanto um quanto o outro) falam necessariamente de um período particular – um mês, ou um ano. Meus dois informantes falam de dois períodos distanciados – diferindo, respectivamente, por cinco e por nove anos do período de Wasianski, e cada um deles diferindo, relativamente ao outro, por quatro anos. Esses dois informantes (um deles, um cavalheiro inglês, há muito estabelecido como negociante em Königsberg) descreveram-me um almoço em todos os seus detalhes. O resumo de sua informação é que, naqueles dias, os almoços de Kant, caso se tratasse de um almoço do tipo festivo, em comemoração a algum acontecimento especial, eram longos e vagarosos, como eram, na verdade, todos os almoços que tivessem como objetivo primário os prazeres da conversação. Duravam três ou quatro horas; e os pratos não eram simplesmente colocados na mesa, mas eram oferecidos um por um, em sequência. Dentro desse esquema, não havia como falar de "rodadas". As pessoas se recostavam em suas cadeiras, tal como em qualquer almoço aristocrático na Inglaterra, por períodos inteiros de meia hora, simplesmente conversando e voltando, de quando em quando, à ocupação de comer, quando estivesse sendo oferecido algum prato que atraísse de maneira especial o convidado principal.

[14] E até mesmo com um espírito inquiridor de ceticismo, para o qual todos os jornais da Europa Central (tal como então eram dirigidos) não deixaram de fornecer justificativa mais do que suficiente. Não houve, nem poderia ter havido, em nenhum dos estados alemães, seja iluminação para discernir, seja liberdade para escolher. A Revolução Francesa tinha começado a provocar tremores, como uma sucessão de terremotos, por baixo e em volta de todos

os tronos. Terríveis fendas em meio a uma enorme escuridão, incerta tanto por sua extensão quanto por sua direção, pareciam abrir-se e escancarar-se sob os pés dos homens. E numa época em que os reis da Cristandade poderiam ter racionalmente enfrentado a terrível e recém-nascida república sobre o Sena sem nenhum espírito racional de esperança, mas de tal maneira que repousasse numa aliança fraternal e na boa fé absoluta, a maioria deles estavam perfidamente minando, por intrigas secretas, com objetivos puramente egoístas, aquelas grandes confederações das quais ostensivamente dependiam. A Prússia, sobretudo, no auge de seus movimentos agressivos contra a França, e em meio aos desvarios de suas infernais ameaças contra Paris (de maneira a fornecer um apelo, mas demasiadamente simulado, às atrocidades que subsequentemente transformaram a França num matadouro), estava fazendo o papel de traidora aos seus envolvimentos iniciais – fixando seu famélico olho nas futuras ruínas da Polônia; e tomada desse feroz instinto de abutre, como se continuamente farejasse o odor da distante carniça no Oriente, desconsiderando completamente seus grandes interesses militares no Ocidente, tão arriscadamente confiados ao Duque de Brunswick. Para a inflexível integridade de Kant, toda essa duplicidade era extremamente odiosa. O fato de que isso pudesse ser imputado ao seu próprio país era algo que o entristecia profundamente. Ele era conhecido pessoalmente pelo então Rei da Prússia; tinha sido tratado por aquele príncipe com grande consideração; e tinha, assim, um motivo *a mais* para se recusar a interpretar, inicialmente, os signos da política prussiana como tantos outros os interpretavam. Mas ele era demasiadamente inteligente para não suspeitar deles; e as evidências dessa profunda traição, que estabeleceu as bases de um incalculável sofrimento para todos os Estados da Cristandade, mas a nenhum em tão grande extensão quanto o da própria Prússia, de 1806 a 1813, tornaram-se, finalmente, irresistíveis.

[15] Vesta e Juno foram descobertos em junho de 1804, perto da época em que Wasianski escrevia. Entretanto, não alego compreender minhas fontes alemãs quanto a esse ponto. Qualquer *hiatus* no sistema planetário que Kant suspeitasse, tanto quanto estou familiarizado com suas ideias, não se situa entre Marte e Júpiter, mas numa região mais elevada; ele tampouco é de natureza a ser remediado por corpos tão pequenos quanto Ceres e Palas. O que Kant indicou como uma base aparente para supor algum *hiatus* em

nosso próprio sistema foi o caráter abrupto da transição de uma ordem de órbitas para outra, a saber, da órbita *planetária*, que pode ser considerada, por tendência, circular, para a ordem *cometária*, que se distancia dessa tendência por todos os graus de excentricidade. A passagem da primeira para a última parecia, a Kant, não ser propriamente graduada, mas descontínua. Ele supôs, portanto, que entre o planeta mais distante, que, na época, era Saturno, e o sistema cometário deveria existir algum planeta grande que constituiria uma ligação de transição – por ser mais excêntrico que Saturno e menos excêntrico que o mais próximo dos cometas. Não muito tempo depois foi descoberto, por Herschel (o pai), o grande planeta Urano ou *Georgium Sidus*★ (como foi chamado pelo descobridor em sinal de gratidão por seu benfeitor). Essa descoberta era até então uma justificativa para a conjectura de Kant; conjectura que era uma especulação totalmente *a priori*, tal como a que levou à descoberta de Netuno; isto é, não dependeu em nada de qualquer verificação experimental, mas apenas de necessidades *a priori*. [★*Georgium Sidus*, "estrela de George", em homenagem a George II, rei da Inglaterra entre 1760 e 1820. (N. T.).]

[16] O Sr. Wasianski está enganado. Perseguir suas meditações, nessas circunstâncias, poderia, talvez, ser uma inclinação de Kant às quais ele se entregava, mas não a ponto de justificá-la ou transformá-la numa máxima. Ele não era a favor de comer sozinho, ou do *solipsismus convictorii*, tal como ele o chamava, com base no princípio de que um homem deveria estar inclinado, se não fosse desviado pela atividade e o prazer de uma reunião social, a pensar demais ou muito estreitamente, um exercício que ele considerava extremamente prejudicial ao estômago durante o primeiro processo de digestão. Com base no mesmo princípio, ele não era a favor de andar ou cavalgar sozinho; o duplo exercício do pensamento e do movimento corporal, executados simultaneamente, contribuía, julgava ele, para pressionar demasiadamente o estômago. [Cf. Kant, *Antropologia de um ponto de vista pragmático*, São Paulo: Iluminuras, tradução de Clélia Aparecida Martins, p. 176. (N. T.).]

[17] τὸ πρέπον (to prepon) – a compostura, o senso de oportunidade, de proporção, de medida. (N. T.).

[18] Isso parece menos extraordinário, se consideramos a descrição que Reichardt★ fez de Kant, cerca de oito anos após a sua morte. "Kant", diz esse escritor, "era mais seco que o pó,★★ tanto no corpo quanto na mente.

Era de pequena estatura; e possivelmente não terá aparecido sobre esta terra nenhuma anatomia humana mais desencarnada, árida, ressequida. A parte superior do rosto era grande; a fronte, majestosa e serena; o nariz, elegantemente volteado; os olhos, brilhantes e penetrantes, mas expressando energicamente a sensualidade mais crua, que, nele, revelava-se pelo hábito imoderado da comida e da bebida". Essa última característica de seu temperamento é, sem dúvida, descrita aqui de maneira demasiadamente severa. Não havia mais do que duas coisas na terra, a saber, café e tabaco, pelas quais Kant tinha um gosto imoderado; e de ambas, tendo alguma ideia de que elas eram nocivas, é notório que ele, em geral, se abstinha. Aliás, a falta de inclinação de Kant a transpirar, considerada em conexão com sua excepcional saúde, pode servir talvez para refutar (ou ao menos para colocar em dúvida) uma sombria fantasia que tem sido, algumas vezes, insinuada como estando ligado à desgraça que devastou a vida de Cowper,★★★ o poeta. Conheci pessoalmente vários dos amigos e parentes próximos de Cowper, um dos quais, aliás, um brilhante e bem-sucedido advogado, com uma fortuna considerável, suicidou-se com um tiro sob nenhum outro impulso que o do puro *ennui ou tædium vitæ* ou, na verdade, por uma violenta rebelião contra a odiosa monotonia da vida. *Tædet me harum quotidianarum formarum*★★★★ era seu grito de protesto. Ah, por qual motivo deveria a quinta-feira ser uma servil *facsimile* da quarta? Isso, entretanto, demonstrava uma tendência à loucura na família. Mas, diziam alguns, essa tendência (supondo que existisse) devia-se à incapacidade de transpirar. Cowper não era capaz de transpirar. Sei que isso era realmente assim; e, ligando-a com a tendência do temperamento de Cowper à *mania* [loucura], pode-se pensar numa característica como sendo a causa da outra. Mas, por outro lado, temos o exemplo de Kant, que era igualmente incapaz de transpirar, mas nunca revelou qualquer tendência à *mania*. [★Johann Friedrich Reichardt (1752-1814), compositor e escritor alemão, foi aluno de Kant.★★ No original, *"was drier than dust"*. A expressão tem origem na dedicatória feita, em alguns de seus romances, a um suposto *"Rev. Dr. Dry as Dust, F.A.S."*, pelo escritor inglês Walter Scott, passando, depois, ao uso geral, para se referir a uma pessoa enfadonha, especialmente aquela que se prolonga a dissertar sobre qualquer assunto, fornecendo detalhes inumeráveis e irrelevantes.★★★ William Cowper (1731-1800), poeta inglês.★★★★ Versos de Terêncio, da comédia *O eunuco*, Ato II, cena 3: "Entendiam-me essas belezas ordinárias". Dito por um personagem, comparando as belezas ordinárias à beleza da mulher ideal. (N. T.).]

[19] Clássica bebida alcoólica, servida quente, de origem britânica, popular nos séculos XVIII e XIX. Seu nome deve-se à sua cor púrpura, a mesma das vestes usadas por bispos da igreja anglicana (N. T.).

[20] Essa teoria foi posteriormente bastante modificada na Alemanha; e, a julgar pelos exames casuais que fiz desses assuntos, acredito que nessas reformulações ela ainda conserve suas bases naquele país.

[21] Parece singular, mas, na verdade, ilustra talvez o predomínio do acaso e do acidente em distribuir tão desigual e desproporcionalmente a atenção de pesquisadores para novidades importantes e sugestivas e, em parte, também revela a difusão extremamente imperfeita, nessa época, através de revistas científicas, de descobertas úteis – o fato de que, no tratamento das febres, Kant parece nunca ter ouvido da *afusão por água fria*, introduzida pelo Dr. Currie; nem tampouco dos princípios revolucionários aplicados pelo Dr. Kentish e outros ao tratamento das *queimaduras*. Do Dr. Beddoes, que se casou com uma irmã da Senhorita Edgeworth, e era pai de Beddoes, o poeta (verdadeiramente um homem de gênio), Kant ouvira falar, e o considerava com grande interesse. Havia nisso uma justiça inconsciente. Pois o Dr. Beddoes era um grande conhecedor da literatura alemã do primeiro decênio deste século, numa época em que não havia mais que umas poucas dúzias desse tipo de estudioso na Grã-Bretanha. Ele foi, na verdade, o primeiro homem a grafar o nome de Jean Paul Richter★ em um livro inglês; assim como eu próprio fui o primeiro (em dezembro de 1821) a fornecer um exemplo do estilo de Richter. (Era um extrato, tomado ao acaso, de seu romance *Flegeljahre*, que meu alemão da época permitia compreender.) Entretanto, Beddoes, um produto da escola (se é que se pode chamá-la assim) do esplêndido Erasmus Darwin, era alguém que Kant conhecia e admirava. Mas de Darwin, o líder dessa escola de livre-pensamento, Kant não tinha aparentemente ouvido falar. [★Johann Paul Friedrich Richter (1763-1825), escritor romântico alemão. (N. T.).]

[22] Kant, em suas objeções primárias à inoculação pela vacina, será confundido com o Dr. Rowley e outros fanáticos contra a vacina. Mas isso não nos deve fazer esquecer que, em sua inclinação a considerar a vacinação como

não mais que uma garantia *temporária* contra a varíola, a perspicácia de Kant tem sido amplamente justificada pelos fatos. É agora consenso que a vacinação, para constituir uma garantia *absoluta* contra a varíola natural, deve ser repetida a cada sete anos.

[23] O Sr. Wasianski está provavelmente bastante equivocado quanto a esse ponto. Se os obstáculos que a natureza apresentava ao ato de pensar estavam agora em ascensão, a disposição para pensar, por outro lado, como ele próprio reconheceu, estava em declínio. Com a capacidade e o hábito modificando-se na mesma direção, não há como utilizar como argumento aquele perturbado equilíbrio ao qual aparentemente ele atribuiria as dores de cabeça.

[24] "A quem, por força, se tira a mais desejada das ilusões" (Horácio, II, Ep. 2, 138). (N. T.).

[25] "Por Pólux, meus amigos, vocês me mataram" (Horácio, II, Ep. 2, 140). (N. T.).

[26] Como isso veio a ser o caso da Alemanha é algo que o Sr. Wasianski não explicou. Talvez os negociantes ingleses em Königsberg, estando entre os amigos mais antigos e íntimos de Kant, tivessem contribuído para que ele se familiarizasse com a prática de tomar chá, e com outros gostos ingleses. Entretanto, Jachmann nos conta que Kant era extravagantemente apaixonado pelo café, mas se obrigava a dele se abster, com base na ideia de que era muito pouco saudável; mas se ele se abstinha com base nalguma outra razão que não a de sua tendência a causar insônia é algo de que não se sabe. Uma razão muito melhor para se abster do café do que a de fantasias visionárias a respeito de sua insalubridade baseia-se, na Inglaterra, no abominável modo de preparação. Com respeito à cozinha, e a todo processo culinário imaginável, os ingleses (e, num grau exagerado, os escoceses) são os mais incultos da raça humana. É uma antiga expressão de um sarcástico cavalheiro francês, em visita à bárbara cidade de Londres (entre as maiores da terra relativamente a muitas e grandes qualidades, mas a mais bárbara, excetuando-se Edimburgo e Glasgow, no que tange às artes culinárias) – "Vejam só!", disse o cavalheiro francês, "uma terra na qual eles têm sessenta religiões (aludindo às numerosas subdivisões do cisma protestante) e apenas um tipo de molho". Tratava-se, evidentemente, de uma pilhéria: pois,

por mais desventurada que a Inglaterra seja e, desde sempre, tenha sido, é possível certamente chegar à conta de vinte e cinco molhos. Entretanto, o que pensaria o cavalheiro francês a respeito da Escócia, que não tem um único? Mesmo hoje, o horrível peixe chamado *haddy* é comido, por toda a Escócia, sem qualquer tipo de molho; o que significa que suas atrocidades tornam-se claramente dez vezes mais atrozes.

[27] A frase é de Alexander Pope, do poema "Epístola I", de *Ensaio sobre o homem*. (N. T.).

[28] No original, *"learned Theban"*. A expressão é da peça de Shakespeare *Rei Lear*, III, iv. Lear diz, referindo-se a Edgar: *"I'll talk a word with this same learned Theban"* ["Terei uma conversa com esse sábio tebano"]. Segundo uma interpretação, é uma referência a Édipo. Segundo outra interpretação, alude ao filósofo tebano Crates, discípulo de Sócrates. (N. T.).

[29] A informação é de Wasianski, o qual, por sua vez, a obteve de uma pessoa anônima, a qual, tendo observado que Kant, nas suas últimas caminhadas, gostava de se apoiar num muro particular para ver a paisagem, providenciou para que um banco fosse instalado para ele naquele ponto.

[30] O Sr. Wasianski diz "no *fim* do verão"; mas, como ele descreve, em outro local, pela mesma expressão, "no fim do verão", um dia que era declaradamente *anterior* ao dia mais longo e como a multidão de pássaros que continuava a cantar não nos permitiria supor que o verão pudesse estar muito adiantado, adaptei minha tradução a essas circunstâncias.

[31] Para essa queixa particular de Kant, tal como descrita por outros biógrafos, um quarto de um grão [64,8 mg] de ópio, a cada oito horas, teria sido o melhor remédio, talvez um remédio perfeito.

[32] Relógio que sinaliza sonoramente o passar dos minutos e das horas e suas frações; útil, no passado, para saber as horas no escuro. (N. T.).

[33] Quais eram essas meritórias pessoas que criticavam os hábitos de comer de Kant não é dito. Elas podem não ter tido qualquer oportunidade para exercitar suas capacidades de observação a esse respeito, exceto como convidados, anfitriões ou como acompanhantes de convidados; e, em qualquer dessas funções, um cavalheiro, supõe-se, deve sentir-se aviltado por dirigir sua atenção a um ponto dessa natureza. Entretanto, as opiniões a respeito

dividem-se entre dois grupos. De um lado, estão todos os seus biógrafos, de acordo com os quais Kant comia apenas uma vez por dia; seu desjejum resumia-se em uma fraca infusão de chá (v. *As cartas de Jachmann*, p. 163), sem nenhum pão ou qualquer outro tipo de sólido. Seus críticos, por outro lado, acreditavam que ele exercitava os seus dentes, da "manhã ao orvalho da noite", através da seguinte sequência de refeições: 1. Desjejum de manhã cedo; 2. Desjejum *à la fourchette*,* perto das dez horas; 3. Almoço à uma hora ou às duas; 4. *Vesper Brod* [café da tarde]; 5. *Abend Brod* [ceia] – o que, tudo somado, parece constituir uma quantidade bastante exagerada para um homem que pretende prescrever abstinência à noite. Mas devo esclarecer essa questão de uma vez por todas, apresentando um único e simples fato. Havia duas coisas, e não mais que duas, pelas quais Kant nutriu um desejo incomum durante toda a vida: tabaco e café; e ele se absteve quase que inteiramente de ambas, apenas por um senso de dever, confiando provavelmente em fundamentos errôneos. Do primeiro, ele se permitiu uma quantidade bem pequena (e todos sabem que a temperança é uma virtude mais difícil que a abstinência); da outra, nenhuma quantidade, até que as obras de sua vida estivessem concluídas. [*Literalmente, "com garfo"; no caso, um desjejum constituído de carnes, etc., exigindo o uso de garfos. (N. T.).]

[34] O leitor inglês lembrar-se-á, aqui, da refinada estrofe de Wordsworth:
Mas somos pressionados por pesadas leis;
E, muitas vezes, não mais felizes,
Estampamos um *rosto* de alegria porque
Fomos felizes outrora.

[35] Nisso, como em muitas outras coisas, o gosto de Kant era inteiramente inglês e romano; assim como, por outro lado, alguns eminentes cavalheiros ingleses, lamento dizer, têm mostrado o lado efeminado e o gosto pelo *falsetto* dos alemães. Em particular, Coleridge, descrevendo, em "O Amigo", o costume das crianças alemãs de darem presentes aos pais na véspera do Natal (um costume que, inexplicavelmente, ele pensa ser peculiar de Ratzeburg), representa a mãe como "chorando alto, de alegria", o velho idiota do pai com "lágrimas correndo pelo rosto", etc., etc., e tudo por causa de quê? Por uma caixa de rapé, um estojo de lápis ou algum artigo de joalheria. Assim, nós, ingleses, concordamos com Kant a respeito de

uma tal demonstração de sentimentalidade piegas para efeitos de mera encenação, e somos inclinados a suspeitar que as lágrimas do papai são o resultado do ponche de rum. Tenhamos ternura, sem dúvida nenhuma, e a mais profunda que se possa imaginar, mas em raras ocasiões e por causas apropriadas para sustentar sua dignidade.

[36] Em francês, no original: "enfadonho". (N. T.).

[37] A frase é da Ode III (1.40), de Horácio: "na garupa do cavaleiro vai junto a sombria preocupação". No contexto mais geral da Ode, expressa a ideia de que a riqueza não afasta o medo e as ameaças, que acompanham até mesmo o rico que se refugia na casa construída sobre o mar. (N. T.).

[38] Aos quais parece que Kant em geral replicaria, ao expressarem o prazer que tiveram em vê-lo: "Em mim vocês contemplam um velho pobre, aposentado, extenuado".

[38] Isto é, aquele Lorde Liverpool que tinha sido atingido pela paralisia quando primeiro ministro do rei George IV e que tinha sido, agora, por trinta anos, referido como o *falecido* Lorde Liverpool.

[39] Kant, *Antropologia de um ponto de vista pragmático*. São Paulo, Iluminuras, 2006. Trad. Clélia Aparecida Martins. (N. T.).

[40] O Sr. W. cai no erro comum de confundir causa com ocasião, e dá a impressão de que Kant (que desde a juventude fora um modelo de temperança) morreu por se permitir um excesso de prazeres sensuais. A causa da morte de Kant foi claramente a falência geral das forças vitais e, em particular, a atonia dos órgãos digestivos, que logo o teriam destruído, independentemente de qualquer cuidado ou abstinência. Essa foi a causa. A ocasião acidental que tornou a causa efetiva, no dia 7 de outubro, pode ter sido ou não o que o Sr. W. afirma. Mas, no opressivo estado de existência de Kant, a data precisa de sua doença (se 7 de outubro ou 7 de novembro) era uma questão irrelevante.

[41] Significa "prolongar a ceia". A frase, como indica De Quincey, é do próprio Kant: "Numa mesa repleta, onde a variedade dos pratos é pensada apenas para manter a longa reunião dos convidados (*coena ducere*), *a conversa habitual* [...]" (Kant, *Antropologia de um ponto de vista pragmático*. São Paulo, Iluminuras, 2006, p. 177, tradução de Clélia Aparecida Martins). (N. T.).

[42] Termo usado pelos europeus, entre os séculos XVI e XIX, para se referir ao atual Magrebe (N. T.).

[43] Argel, capital da Argélia, em inglês. *Algier*, em alemão. (N. T.).

[44] Estado de desnutrição grave, por falta de calorias e proteínas. (N. T.).

[45] Literalmente, "em formação de tartaruga e à frente". *"Testudine"* era, entre os romanos, a manobra militar em que todos os soldados das alas internas avançavam cobertos por seus escudos, enquanto os das alas exteriores cobriam vertical e paralelamente os flancos com os seus. (N. T.).

[46] O *pathos* que acompanha esse modo de despedida final depende inteiramente, para seu efeito, do contraste entre si próprio e o tom dominante das maneiras na sociedade em que esse incidente ocorre. Em algumas partes do Continente, prevaleceu, durante o último século, a mais efeminada das práticas: os *homens* trocavam beijos como uma forma comum de saudação ao se encontrarem após qualquer período considerável de separação. Fosse esse o código vigente, o beijo de despedida do moribundo poderia não ter qualquer efeito sobre o *pathos*. Mas em nações tão inexoravelmente masculinas quanto a inglesa, qualquer ato que, para a ocasião, parece distanciar-se do padrão comum de masculinidade, torna-se excessivamente impressionante quando faz voltar os pensamentos do espectador para o prodigioso poder que tem sido capaz de efetuar uma tal revolução – o poder da morte em seus movimentos finais. O bravo homem deixou de ser, em qualquer sentido exclusivo, um homem: em sua fragilidade, tornou-se uma criança; em sua ânsia por ternura e piedade tornou-se uma mulher. Forçado pela agonia, ele renunciou a seu caráter sexual para reter apenas seu caráter genérico de criatura humana. E aquele que é o mais masculino dentre os espectadores é também o mais inclinado a se solidarizar com essa mudança comovente. O parlamentar Ludlow [Edmund Ludlow, 1617-1692], general de cavalaria, um homem de nervos de aço, e peculiarmente hostil a quaisquer exibições teatrais de sentimentalidade, menciona, entretanto, em suas *Memórias*, com aprovadora ternura, o caso de um primo que, ao cair mortalmente ferido no chão, e sentindo sua vida esvair-se rapidamente, rogou que seu parente desmontasse do cavalo e o "beijasse". Todos devem lembrar-se da cena imortal a bordo do *Victoria*, às 4 da tarde de 21 de outubro de 1805, e a frase de despedida "Beije-me,

Hardy!" do poderoso almirante.* E, aqui, outra vez, na despedida final do estoico Kant, lemos outra indicação, falando oracularmente de lábios moribundos de naturezas as mais firmes, que a última necessidade – o apelo que sobrevive a todos os outros em homens de corações nobres e apaixonados – é a necessidade do amor, é o apelo por alguma carícia amenizante, tal como pode estimular por um momento alguma imagem fantasmagórica de ternura feminina numa hora em que a presença real de mulheres é impossível. [*Frase supostamente dita pelo Almirante Horatio Nelson, 1758-1805, ao capitão Thomas Hardy, após ter sido ferido mortalmente por um tiro de mosquete, na Batalha de Trafalgar. (N. T.).].

47 A taça da vida, a taça do sofrimento secou. Para os que observam, como o fizeram os gregos e os romanos, os profundos significados que às vezes se escondem (sem desígnio e sem consciência por parte dos que os enunciam) sob frases triviais, essa elocução final terá parecido intensamente simbólica.

48 O autor alude à etimologia da palavra "agonia", do grego "*ágon*" (luta). (N. T.).

Qualquer livro do nosso catálogo não encontrado nas livrarias pode ser pedido por carta, fax, telefone ou pela internet.

✉ Rua Aimorés, 981, 8° andar – Funcionários
Belo Horizonte-MG – CEP 30140-071

☎ Tel: (31) 3222 6819
Fax: (31) 3224 6087
Televendas (gratuito): 0800 2831322

@ vendas@autenticaeditora.com.br
www.autenticaeditora.com.br

Este livro foi composto com tipografia Bembo e impresso em papel Chamois Bulk 90 g na Formato Artes Gráficas.